Susanne Wingels

Heimatschätze

Historische Orte im Münsterland entdecken

aktiv
KLARTEXT

Bildnachweis

S. 20 u. Freiballonsport-Verein Münster, S. 138 u. Thorsten Honervogt.
Alle weiteren Aufnahmen stammen von der Autorin.

Bibliografische Information der Deutschen Nationalbibliothek
Die Deutsche Nationalbibliothek verzeichnet diese Publikation in der Deutschen Nationalbibliografie; detaillierte bibliografische Daten sind im Internet über portal.dnb.de abrufbar.

Impressum

1. Auflage Oktober 2024
Satz und Gestaltung: Birgit Lonsdorfer
Lektorat: Kirsten Düspohl
Druck und Bindung:
AALEXX Druck Produktion, Thönser Str. 5a, 30938 Burgwedel
Umschlaggestaltung: Guido Klütsch
Umschlagabbildung: Beamtenhäuser Goddaeus (links) und Kestering (rechts), Burgsteinfurt (Foto: Münsterland e.V./Peter Schwabe)
Autorinnenfoto Umschlagklappe: Jana Kathrin @fotostudiopeschges
Übersichtskarte: Joachim Bartels

ISBN 978-3-8375-2629-5

KLARTEXT

Jakob Funke Medien Beteiligungs GmbH & Co. KG
Jakob-Funke-Platz 1, 45127 Essen
info.klartext@funkemedien.de
www.klartext-verlag.de

Vorburg des Wasserschlosses Haus Steinfurt, Drensteinfurt

Legende

- Sehenswürdigkeit
- barrierefrei
- eingeschränkt barrierefrei
- Aussichtspunkt
- Fotospot
- Fahrradstrecke
- Wanderstrecke
- Kulturstätte
- Kunstobjekt
- Familienfreundlich
- Freizeitspaß
- Naturerlebnis
- Fähre

Inhalt

Weiter Blick vom Wierturm (Tecklenburg) über das Land

1. Münster
2. Hopsten
3. Westerkappeln
4. Tecklenburg
5. Rheine
6. Ochtrup
7. Burgsteinfurt
8. Horstmar
9. Altenberge
10. Havixbeck
11. Billerbeck
12. Nottuln
13. Coesfeld
14. Bocholt
15. Borken
16. Haltern
17. Lüdinghausen
18. Werne
19. Drensteinfurt
20. Telgte
21. Warendorf
22. Oelde-Stromberg

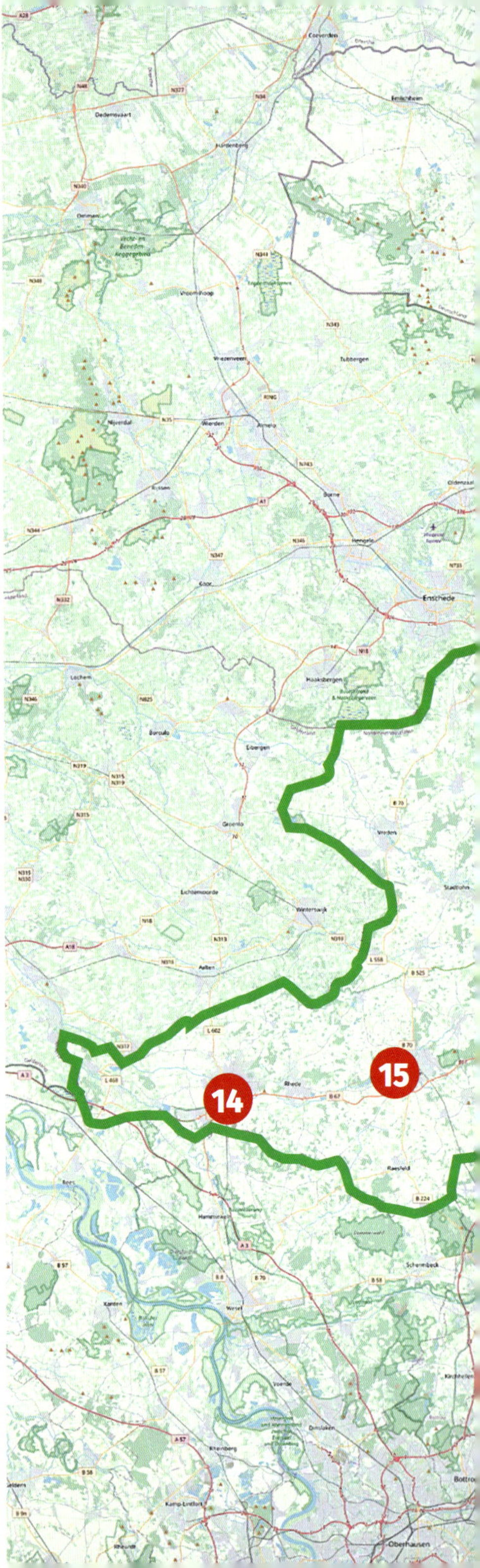

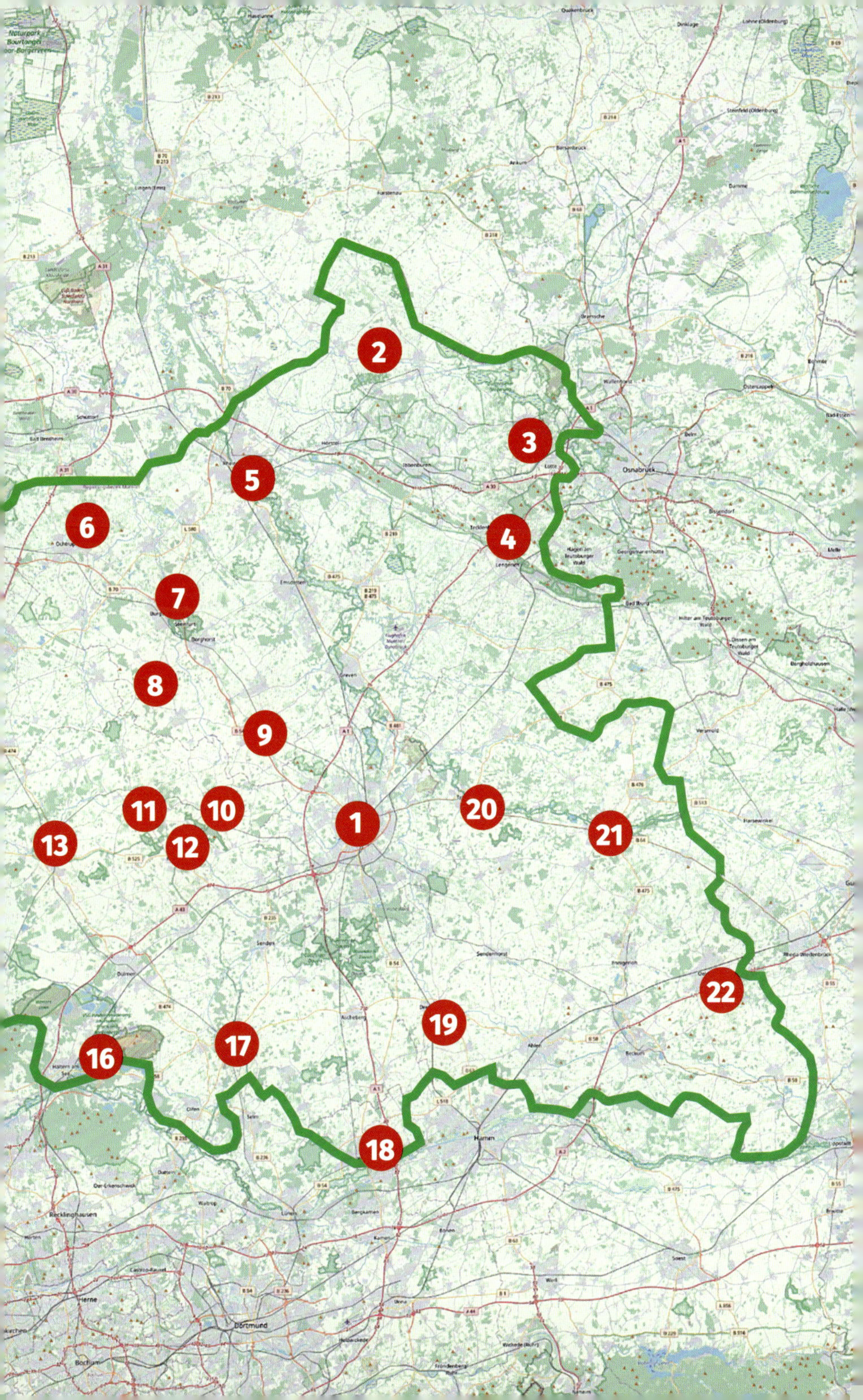

1
2
3
4
5
6
7
8
9
10
11
12
13
16
17
18
19
20
21
22
Osnabrück
Dortmund
Hamm

Vorwort

Was unterscheidet das Münsterland von anderen Regionen? „Die Menschen hier kümmern sich mehr um ihre Häuser und Gärten als um persönliche Äußerlichkeiten." – Diese Aussage einer Münsterländerin mit rheinischen Wurzeln, der ich während meiner Recherche-Streifzüge begegnete, erklärt, warum es hier so schön ist. Alles macht Freude: die Landschaft, die Häuser, Schlösser, Altstädte, Parks und Gärten. Man sieht, dass mit Liebe und Herzblut mit dem umgegangen wird, was schon da ist: mit der Natur, vorhandenen Bauten, aber auch mit der Historie.

Und so können wir voll Dankbarkeit Orte besuchen, die uns ihre Geschichte(n) erzählen – bis heute tief geprägt von der Missionierungsoffensive des heiligen Liudger um das Jahr 800. Wohin Sie auch kommen – Liudger war vor Ihnen da! Jeder Ort, jede Kirche, etliche Burgen und die Klöster sowieso, alles fand seinen Anfang darin, dass der spätere erste Bischof von Münster dort eine Kirche erbaute. Sehr förderlich für die Entwicklung der Region und ihrer Städte waren auch die Flüsse Ems, Lippe, Stever, Berkel, Vechte, Werse und die eine oder andere Aa, die Transporte ermöglichten, gleichzeitig

Burgruine Stromberg

aber auch natürliche Hindernisse darstellten. Dort, wo sich Furten bildeten, kreuzten sich Handelswege, um sie zu durchqueren. Hier konnten Zölle erhoben und Waren getauscht werden – ebenfalls ein idealer Anfang für einen Marktflecken, Handel und Wirtschaft.
Das meist flache Land bot viele Möglichkeiten für die Landwirtschaft, den Anbau von Getreide und reichlich Weiden für Pferde. Flachs- und Hanfanbau begünstigten die Entwicklung der Textilindustrie. Kiepenkerle und Tödden beförderten die Waren über Handelswege in alle Welt. Hügelketten wie die Baumberge oder die Ausläufer des Teutoburger Waldes lieferten Sandstein und Kalk. Das Münsterland erzählt 1.000 Geschichten von Handwerk und Handel, Religion und Pferdesport.
Lassen Sie sich darauf ein, schauen Sie auf die Wunder, die Natur und Architektur Ihnen zu bieten haben, und lauschen Sie auf die Geschichten, die die historischen Orte im Münsterland erzählen.

Viel Vergnügen!
Susanne Wingels

Quirlige Schönheit mit studentischem Flair

Münster

Historisches Rathaus am Prinzipalmarkt

Während andere Regionen – beispielsweise der Niederrhein oder das Ruhrgebiet – nach den sie durchziehenden Flüssen benannt sind, steht im Münsterland die einzige Großstadt der Region im Mittelpunkt. Und das aus gutem Grund! Die Vielfalt dessen, was sie ausmacht, ist nahezu unüberschaubar: historische Gebäude, autofreie Zonen, Kunst, Kultur, Gastronomie, ein Schloss, eine Universität, studentisches Leben, grüne Lungen wie die Promenade oder der Aasee und vor allem eine Flut von Fahrrädern. Ähnlich wie in Amsterdam kann es in Münster als natürliche Todesursache angesehen werden, von einem Drahtesel niedergestreckt zu werden.

1

Anreise Pkw/Parkplatz:

Parkhaus Aegidiimarkt, Aegidiimarkt 1-7, 48143 Münster
(GPS 51°57'36.17"N, 7°37'23.89"E)
P+R Weseler Straße, Weseler Straße 351, 48151 Münster
(GPS 51°56'9.32"N, 7°36'12.54"E)

Anreise mit ÖPNV:

Diverse ICE und IC, EC6-8, FlixTrain FLX20, HKX,
Haltestelle „Münster (Westf.) Hauptbahnhof"
Buslinien 1, 2, 4, 9, 10, 11, 14, E80, N80,
Haltestelle „Münster, Domplatz"

www.stadt-muenster.de

Historisches Rathaus

Bereits während der Jungsteinzeit lebten Menschen der Trichterbecherkultur auf dem Gebiet der heutigen Innenstadt und dort, wo sich nun der Domplatz befindet. Hier sind zwischen 100 v. Chr. und 300 n. Chr. auch germanische Siedlungen nachgewiesen. Im 7. und 8. Jahrhundert gründeten Sachsen mehrere Einzelhöfe und Gehöftgruppen, unter anderem in der Nähe des heutigen Überwasserviertels. Hier entstand eine Siedlung namens „Mimigernaford" (Furt der Leute des Mimigern). Die Entwicklung zur Stadt nahm durch die Gründung eines Klosters durch den friesischen Missionar Liudger um das Jahr 795 deutlich Fahrt auf. Dieses „Monasterium" befand sich nordöstlich des heutigen Doms, in der Nähe der Siedlung „Mimigernaford". 805 wurde Liudger zum Bischof geweiht und der kleine Ort damit zum Bischofssitz erhoben. Eine erste Bischofskirche wurde an der Stelle des Doms errichtet. Aufgrund der Lage an mehreren Handelsstraßen, die sich kreuzten und an zwei flachen Furten die Aa überquerten, entwickelte die Ortschaft sich zu einem überregionalen Handelszentrum und wurde

Info

Johann Conrad Schlaun

Johann Conrad Schlaun (1695-1773) wird als bedeutendster Baumeister des westfälischen Barocks betrachtet. Neben dem Fürstbischöflichen Residenzschloss in Münster gehören das Erbdrostenhaus, Schloss Nordkirchen, der Nottulner Stiftsbezirk sowie zahlreiche Kirchen, Schlösser und Herrenhäuser weit über die Region hinaus zu seinen Werken.

Tipp

Die Astronomische Uhr im St. Paulus-Dom

Das Wunderwerk der Technik im südlichen Kapellumgang des Doms stammt aus der Zeit um 1540-1542 und gilt sowohl technisch als auch künstlerisch als einmalig. Die Uhr zeigt ein Kalendarium, das bis ins Jahr 2071 reicht. Auf dem 24-Stunden-Ziffernblatt (die Morgenstunden befinden sich rechts!) zeigt ein linksherum drehender Sonnenzeiger die Stunde an, während sich auf dem äußeren Kreis Vier-Minuten-Schritte ablesen lassen. Doch damit ist noch lange nicht Schluss: Die Weltzeituhr zeigt ebenso den Stand der Planeten und Gestirne am Himmel, die Polhöhe der Sonne, ihre Position im Tierkreiszeichen und die aktuelle Mondphase. Auch sonst ist an der Uhr richtig was los: Zur vollen Stunde trompetet links oben ein Tutemännchen, begleitet von seiner Frau mit einer Glocke. Auf der rechten Seite dreht viertelstündlich der Zeitengott Chronos seine Sanduhr um, und der Tod schlägt das Stundenviertel. Einmal täglich um 12 Uhr findet oben auf dem Balkon ein unvergleichliches Figurenspiel statt: Die Heiligen Drei Könige setzen sich in Bewegung und verneigen sich vor Maria und dem Jesuskind, begleitet von einem Glockenspiel.

www.paulusdom.de

mit Wällen und Gräben befestigt. (Die Kombination aus Kirche und Handelsstraßen bildete übrigens einen ganz klassischen Auslöser münsterländischer Stadtentwicklung zu dieser Zeit.) Außerhalb dieser Domburg siedelten sich Kaufleute an. Die Ende des 12. Jahrhunderts errichtete Stadtmauer schützte nun ein erweitertes Gebiet. Der Buddeturm markiert als stiller Zeuge jener Zeit die Nordgrenze der damaligen Befestigung. Nach mehreren verheerenden Bränden, die die ganze Stadt verwüsteten, wurde 1225 der Grundstein für den heutigen Dom gelegt. Er ist bereits das dritte Sakralgebäude an dieser Stelle und verbindet romanische mit gotischen Stilelementen.

St.-Paulus-Dom, im Hintergrund die Überwasserkirche

Neben den Grabstätten der Bischöfe und den wertvollen Statuen, Altären und Kirchenschätzen ist vor allem die Astronomische Uhr eine genauere Betrachtung wert.

Rund um den Prinzipalmarkt

Der Bau der Lambertikirche – ein imposantes Beispiel westfälischer Spätgotik – folgte zwischen 1375 und 1525. Auch der Prinzipalmarkt, der zunächst nur östlich und später auch auf der ehemaligen Dombefestigung im Westen bebaut wurde, bildete schon 1280 ein geschlossenes Ensemble. Bis heute beeindrucken die dicht an dicht aufgereihten Sandsteinbauten mit reich verzierten, individuell gestalteten Schaugiebeln über endlosen Bogengängen Einheimische wie Besucher stets aufs Neue. Nach einer schweren Zerstörung im Zweiten Weltkrieg wurde der Prinzipalmarkt vollständig wieder aufgebaut, wobei einige Giebel anders gestaltet wurden.

Tipp

Der Westfälische Frieden

1618 löste der Prager Fenstersturz den Dreißigjährigen Krieg aus. Zuvor hatte der katholische König von Böhmen die Religionsfreiheit aufgehoben. Um den Regenten zu demütigen, warfen im protestantischen Böhmen Adelige seine Statthalter aus dem Fenster. (Interessanterweise sollen diese den Sturz überlebt haben – laut Aussage der Protestanten landeten sie auf einem Misthaufen.) Es entbrannte ein drei Jahrzehnte andauernder bewaffneter Konflikt, in dem Spanien und Bayern sich auf die Seite des Kaisers stellten. Die Protestanten fanden zunächst Unterstützung durch den dänischen König, später durch Schweden. Aus staatspolitischen Gründen – um eine zu große Macht und Gebietsausdehnung Spaniens zu verhindern – stellte sich das katholische Frankreich auf die Seite Böhmens und Schwedens. Der Krieg fand weitgehend auf deutschem Boden statt. Die Bevölkerung litt unter Pflichtzahlungen, plündernden Söldnertruppen, Hunger und Seuchen. Etwa ein Drittel der Einwohner verlor ihr Leben. Viele Kriegsparteien standen vor riesigen Schuldenbergen. Unzählige Kulturgüter wurden zerstört oder in alle Welt verschleppt.

Ab 1643 fanden parallel in Münster (katholisch) und Osnabrück (evangelisch) Friedensverhandlungen statt. Am 24. Oktober 1648 wurden die Friedensverträge in Münster unterzeichnet und beendeten gleich mehrere Kriege: den Dreißigjährigen Krieg, den Achtzigjährigen Krieg zwischen Spanien und den Niederlanden, die Kriege Schwedens und Frankreichs gegen das Heilige Römische Reich sowie die Konfessions- und Religionskriege. In der Folge wurden die Niederlande und die Schweiz als souveräne Staaten unabhängig. Der „Friede von Münster“, auch das „Wunder von Westfalen“ genannt, legte den Grundstein für das moderne Völkerrecht und eine europäische Friedensordnung zwischen gleichberechtigten Staaten. Ehrfurchtgebietend erinnert der Friedenssaal im historischen Rathaus von Münster an diese große Errungenschaft. Er kann zu den Öffnungszeiten (gegen Entgelt) besichtigt werden. Auch ein virtueller Besuch ist möglich. (tour.spacewerkhosting.de/de/tour/friedenssaal-im-historischen-rathaus)

Zwinger

Um 1200 wurde ein ursprünglich aus Fachwerk bestehender Bau an der Stelle des Rathauses durch ein Steingebäude ersetzt. Ende des 14. Jahrhunderts besaß die gute Stube der Stadt bereits ihr heutiges Aussehen mit Bögen und Rundpfeilern und dem reich verzierten Schaugiebel – Vorbild für zahllose Rathäuser, weit über das Münsterland hinaus. Besondere Bedeutung erlangte die heute Friedenssaal genannte Ratskammer als Schauplatz des Westfälischen Friedenskongresses, der zwischen 1643 und 1648 parallel hier und im Osnabrücker Rathaus stattfand. Die Abgeordneten aller Beteiligten verhandelten hier ein Ende des Dreißigjährigen Krieges.

Fürstbischöfliches Residenzschloss

Ab dem Jahr 1600 wurde die Stadtbefestigung nach außen weiter verstärkt. Zusätzliche Wallanlagen, Wassergräben, Schanzen, Rondelle und Hornwerke entstanden. Nach einer Auseinandersetzung zwischen der Bevölkerung, die die Erhebung zur freien Reichsstadt anstrebte, und dem herrschenden Fürstbischof ließ der siegreiche Bischof ab 1661 eine der Stadt westlich vorgelagerte Zitadelle in Form eines Fünfecks errichten. Trotz späterer Schleifung ist diese Form noch deutlich erkennbar. Sie umgibt den heutigen Schlossgarten. 1767 – nachdem die Festungsanlagen dem Erdboden gleichgemacht worden waren – errichtete der bedeutende Baumeister Johann Conrad Schlaun hier das Fürstbischöfliche Residenzschloss, das bis heute das Stadtbild von Münster prägt. Der zwischen dem Schloss und der Universität gelegene Schlossplatz bildet zu jeder Jahres- und Tageszeit ein Zentrum studentischen Lebens.

Der Zwinger im Wechsel der Zeit

Im Nordosten der Altstadt erinnert der Zwinger an seine jahrhundertelange, eng mit dem Stadtgeschehen verbundene Geschichte. Bereits im frühen 16. Jahrhundert war er als Geschützturm errichtet worden. Später, beim weiteren Ausbau der Stadtbefestigung, erhielt er eine zweite Außenmauer. Durch diese Baumaßnahme erreichte

Tipp

Radwandern/Themenrouten

Fahrräder sind nicht nur in Münster weit verbreitet. Neben der Liebe zum Pferd und allem, was man mit ihm und auf seinem Rücken unternehmen kann, ist der Münsterländer auch seinem Drahtesel zutiefst zugetan. Den Besuchern von außerhalb ergeht es nicht anders – ist doch das Münsterland mit seinen meist flachen, abwechslungsreichen Landschaften und einer Vielzahl von Attraktionen am Wegesrand prädestiniert dafür, abseits vielbefahrener Straßen mit dem Rad erkundet zu werden. Eine Vielzahl von ausgewiesenen Themenwegen und fahrradfreundliche Innenstädte unterstützen die Freude an dieser aktiven Freizeitgestaltung. Überregional am bekanntesten ist die 100-Schlösser-Route – allerdings muss hier berücksichtigt werden, dass viele der Herrensitze am Weg in Privatbesitz sind und nur von Weitem betrachtet werden können. Touristische Informationsmaterialien und Apps geben hierzu präzise Auskunft, und die Schlösser sind mit einem Farbsystem hinsichtlich ihrer Zugänglichkeit gekennzeichnet. Dass Schlösser nicht alles sind, beweisen etliche weitere spannende Themenrouten wie die Friedensroute (auf den Spuren des Westfälischen Friedens), die Radroute „Historische Stadtkerne", der EmsRadweg, die Römer-Lippe-Route, der Europaradweg R1, die Grenzgängerroute Teuto-Ems, der WerseRadweg, der Töddenland-Radweg, die Hohe Mark RadRoute, die Vechtetalroute und die Aa-Vechte-Tour. Erlebnis- und Übernachtungspakete können über die Münsterland-Touristik gebucht (oder natürlich auf eigene Faust geplant) werden.

www.muensterland.com

das Rondell einen Durchmesser von 24,3 m. Nachdem der Zwinger nicht mehr als Wehrturm genutzt wurde, diente er als Rossmühle und Pulverlager und wurde schließlich ab 1730 auf drei Etagen mit Gefängniszellen ausgestattet. Anfang des 20. Jahrhunderts bezog der Maler Friedrich Wilhelm Liel das leerstehende Gebäude und nahm weitreichende Umbauten vor, um darin zu wohnen und zu

Museum

Stadtmuseum

Auf zwei Etagen lässt sich hier die Stadtgeschichte interaktiv erleben: Modelle, Abbildungen, digitale Animationen und zahlreiche Exponate vermitteln ein verständliches und umfassendes Bild der Stadtgeschichte. Ergänzt wird das Angebot durch einen Museumsshop und Sonderausstellungen, beispielsweise die jährlich wechselnde Fotoausstellung „Vor 50 Jahren" (vergangene Ausstellungen sind im Shop als Jahrbuch erhältlich).

Weitere Museen:

Friedenssaal im Historischen Rathaus, Prinzipalmarkt 10
Domkammer der Kathedralkirche St. Paulus, ab 2025 am Alten Steinweg
LWL-Museum für Kunst und Kultur, Domplatz 10
Kunstmuseum Pablo Picasso Münster, Picassoplatz 1
Archäologisches Museum der Westfälischen Wilhelms-Universität, Domplatz 20-22
Geomuseum der Universität Münster, Pferdegasse 3
Bibelmuseum der Westfälischen Wilhelms-Universität, Pferdegasse 1
Kunsthalle Münster, Hafenweg 28
Mühlenhof-Freilichtmuseum, Theo-Breider-Weg 1
LWL-Museum für Naturkunde – Westfälisches Landesmuseum mit Planetarium, Sentruper Straße 285
Westfälisches Pferdemuseum im Allwetterzoo, Sentruper Straße 311
Haus Rüschhaus, Am Rüschhaus 81
Westfälischer Kunstverein, Rothenburg 30
Geschichtsort Villa ten Hompel, Kaiser-Wilhelm-Ring 28
(www.stadt-muenster.de/tourismus/kunst-und-kultur/museen)

arbeiten. Einige Räume wurden vollständig blau angestrichen, und die Freie Künstlergemeinschaft Schanze soll sich dort getroffen und auch ausgiebig gefeiert haben. Dem, was man „blaue Phase" des Gebäudes nennen könnte, folgte eine dunkle Zeit unsäglichen Grauens, in der von den Nationalsozialisten im Innenhof Exekutionen an Zwangsarbeitern und Kriegsgefangenen vorgenommen wurden. Heute beherbergt die Ruine als Mahnmal die Kunstinstallation „Das gegenläufige Konzert" von Rebecca Horn und ist im Rahmen von Führungen und während der Sommermonate sonntagnachmittags für die Öffentlichkeit zu besichtigen.

Tatort Münster

Seine Bekanntheit in Deutschland und Europa verdankt Münster sicherlich dem Westfälischen Frieden und seinen bedeutenden historischen Gebäuden. Zur Freizeitgestaltung überaus beliebt sind zudem der Aasee und der Allwetterzoo. Doch auch dann, wenn sonntagabends einfach nur der Fernseher eingeschaltet wird, steht Münster immer wieder im Mittelpunkt des Interesses: Kriminalhauptkommissar Frank Thiel und der Rechtsmediziner Prof. Dr. Dr. Karl-Friedrich Boerne unterhalten seit 2002 ein breites Publikum und erreichen höchste Einschaltquoten – sowohl in der internen Tatort-Rangliste als auch im Vergleich mit anderen deutschen Fernsehserien. Zahlreiche Medienpreise krönen das kreative Schaffen und sorgen dafür, dass unzähligen Deutschen und auch etlichen Europäern Münster alles andere als fremd ist.

Denkmal am Mauritztor

Kleiner Kiepenkerl

Gastronomie

Gasthaus Stuhlmacher, Prinzipalmarkt 6-7, 48143 Münster (www.gasthaus-stuhlmacher.de)
Kleiner Kiepenkerl, Spiekerhof 47, 48143 Münster (www.kleiner-kiepenkerl.de)
Großer Kiepenkerl, Spiekerhof 45, 48143 Münster (www.grosser-kiepenkerl.de)

Tipp

Montogolfiade

Als hätte Münster nicht schon genug Geschichtsträchtiges zu bieten: Auch die erste Heißluftballon-Veranstaltung in Deutschland fand 1969 in Münster statt. Seitdem lockt die traditionelle Montgolfiade (eine Wortschöpfung aus Montgolfière und Olympiade) jährlich Tausende von Zuschauern zu wechselnden Schauplätzen in Münster und Umgebung. Für 2024 gelang es dem gastgebenden Verein sogar, die Ausrichtung des 67. Gordon-Bennett-Cups (eine Langstrecken-Weltmeisterschaft im Gasballonfahren, die als ältester und prestigeträchtigster Wettbewerb in der Luftfahrt gilt), nach Münster zu holen.
www.fsv-muensterland.de

Info

Die Wiedertäufer

Seit fast 500 Jahren hängen sie nun schon am Turm der Markt- und Stadtkirche St. Lamberti, zutiefst verbunden mit der einzigartigen Geschichte dieser Stadt: die Käfige der Wiedertäufer! Sie kamen aus dem Raum Straßburg. Ihr Weg führte sie über die Niederlande bis nach Münster, wo sie eine Bevölkerung vorfanden, die allen Glaubensrichtungen offen gegenüberstand und ihrem frisch ernannten katholischen Bischof, der ihnen Religionsfreiheit eingeräumt hatte, einen protestantischen Stadtrat entgegensetzte. Den Namen Wiedertäufer erhielten die radikal-reformatorischen Christen, die sich von der Lehre des Züricher Reformators Zwingli abspalteten und sich als „Auserwählte Gottes“ ansahen, weil sie die ursprüngliche christliche Taufe nicht anerkannten und auf einer Erwachsenentaufe in ihrem Glauben bestanden. Sie gewannen rasch einflussreiche Anhänger in der Stadt, und am 23. Februar 1534 erlangten sie eine Mehrheit im Stadtrat. Mit dem Eintreffen des „Propheten“ Jan Mattys am folgenden Tag begann eine Welle der Verwüstung und Vertreibung aller „Ungläubigen“. Kirchenschätze wurden geplündert, Vielweiberei eingeführt, Geld und Privateigentum abgeschafft und eine äußerst strenge Gerichtsbarkeit durch einen Ältestenrat eingeführt. Katholiken und Protestanten, die nicht den Wiedertäufern angehörten, verließen scharenweise die Stadt, und auch Bischof Franz von Waldeck suchte sein Heil im Telgter Exil. Bereits im März 1534 begann er, mit seinem Heer Münster zu belagern. Ende Juni 1535 gelang es den bischöflichen Truppen, die ausgehungerte Stadt zurückzuerobern. Drei Anführer der Wiedertäufer, Jan van Leiden (Nachfolger des „Propheten“ Jan Mattys), Bürgermeister Bernd Knipperdolling und Bernhard Krechting (Ratsmitglied und Bruder des geflüchteten Kanzlers) wurden öffentlich gefoltert und hingerichtet. Zur Abschreckung steckte man ihre Leichen in eiserne Käfige, die bis heute am Turm der Lambertikirche hängen. Erst 50 Jahre später waren der Überlieferung nach die letzten Knochenreste aus den Käfigen verschwunden. Die Original-Körbe sind bis heute als deutlich erkennbares Relikt der damaligen Geschehnisse an der Südseite des Lamberti-Kirchturms befestigt.

St.-Georg-Pfarrkirche

Die charmante Gemeinde mit knapp 8.000 Einwohnern wird aufgrund ihrer Lage im äußersten Norden des Tecklenburger Landes, unweit der niedersächsischen Landesgrenze, gern als „Tor zu Westfalen“ bezeichnet. Insbesondere der historische Ortskern wickelt den Betrachter mit seiner Schönheit auf der Stelle um den Finger und hat auch historisch einige Pfunde, mit denen er wuchern kann.

Augenscheinlich und überaus bekannt ist seine Vergangenheit als „Töddendorf“, doch wurde das Gebiet bereits in der Stein- und Bronzezeit besiedelt, und bereits für das Jahr 890 n. Chr. wurde eine Bauernschaft mit mehreren Höfen schriftlich nachgewiesen. Bestimmend für das heutige Ortsbild ist jedoch der Mitte des 17. Jahrhunderts einsetzende Wanderhandel. Der Reichtum, den er den Einwohnern bescherte, lässt sich leicht an den aufwändig gestalteten Tödden- und Bürgerhäusern ablesen, die den Ortskern bestimmen:

2

Anreise Pkw/Parkplatz:
Parkplatz Brenninkmeyerstraße, Brenninkmeyerstraße 2, 48496 Hopsten (GPS 52°22‘57.30“N, 7°36‘14.23“E)

Anreise mit ÖPNV:
Buslinien 112, 127, 129, 190, 295, 296, 297, 298, R27, T12, T27, Haltestelle „Schulzentrum“

www.hopsten.de

Das Innere der St.-Georg-Pfarrkirche

Reich verzierte, großzügig bemessene Fachwerkhäuser, das 1808 durch den Bürgermeister erbaute BürgerHaus Veerkamp, die Hofanlage Holling mit dem Brauhaus aus der Zeit um 1730 und das vermutlich älteste Gebäude, Haus Nieland, dessen Ursprünge möglicherweise in die Karolingerzeit zurückreichen und das 1734 umgestaltet wurde, sind steinerne Zeugen glanzvoller Zeiten. Eine bronzene Figur und eine Plakette am BürgerHaus Veerkamp sowie die Töddensäule vor der Zufahrt zum Hof Holling erinnern an die Vergangenheit als „Wikinger der Landstraße“. Über all dem thront hell leuchtend die barocke St.-Georg-Pfarrkirche und weiß auch mit ihrem prachtvollen Innenleben zu überzeugen. Auf die Tradition im Steinkohlebergbau seit 1846 weist eine restaurierte Grubenbahn am Ortseingang Richtung Ibbenbüren hin.

Gastronomie

Restaurant Kerssen-Brons, Marktplatz 1, 48496 Hopsten (www.kerssen-brons.de)

Tipp

Töddenweg/Markskramerpad

Auf dem Töddenweg/Marskramerpad, der sich von Osnabrück bis ins 229 km entfernte niederländische Deventer erstreckt, können die damaligen Handelswege nachempfunden werden. Es handelt sich zudem um einen Streckenabschnitt des Europäischen Fernwanderweges E11.

Info/Museum

Wanderhändler/Tödden

Nach dem Dreißigjährigen Krieg begannen wandernde Händler und Kaufleute aus Hopsten, Mettingen, Recke und Ibbenbüren, sogenannte Tüötten oder Tödden, Leinen und andere Waren aus der Region in die Niederlande und später auch in die nordischen und baltischen Länder zu transportieren und dort zu verkaufen. Dabei suchten sie ihre Kunden, die meist auf dem Land lebten, zuhause auf. In der Regel waren sie zu Fuß unterwegs und trugen ihre Handelsgüter auf dem Rücken. Auf diese Weise entwickelte sich ein ausgedehntes, breit gefächertes Netzwerk aus Handelsgesellschaften, das sich über ganz Nordeuropa ausdehnte und im 18. Jahrhundert in voller Blüte stand. Etliche Textilhandelsketten sind auf diesen Wanderhandel zurückzuführen. In Hopsten verdienten um 1750 etwa 200 der insgesamt 2.000 Einwohner ihr Geld als „Packenträger".

Kulturlandhaus Schale

In der 250 Jahre alten, denkmalgeschützten Hofstelle im Ortsteil Schale können Besucher am Wochenende nachmittags im Trachtenmuseum in längst vergangene Zeiten abtauchen. Zu den Zeiten ist auch das hofeigene Café im „Flett" (Wohnung) geöffnet. Ein Heuhotel, ein Hofladen und Räumlichkeiten für Feierlichkeiten runden das Angebot ab.
Kulturlandhaus Schale, Zum Osteresch 3, 48496 Hopsten-Schale
(www.kulturlandhaus-schale.de)

Weitere Museen

(keine Öffnungszeiten – Besichtigung nach Vereinbarung):
Bienenmuseum, Lange Straße, 48496 Hopsten-Halverde
Bültenschmiede, Kirchstraße, 48496 Hopsten-Schale

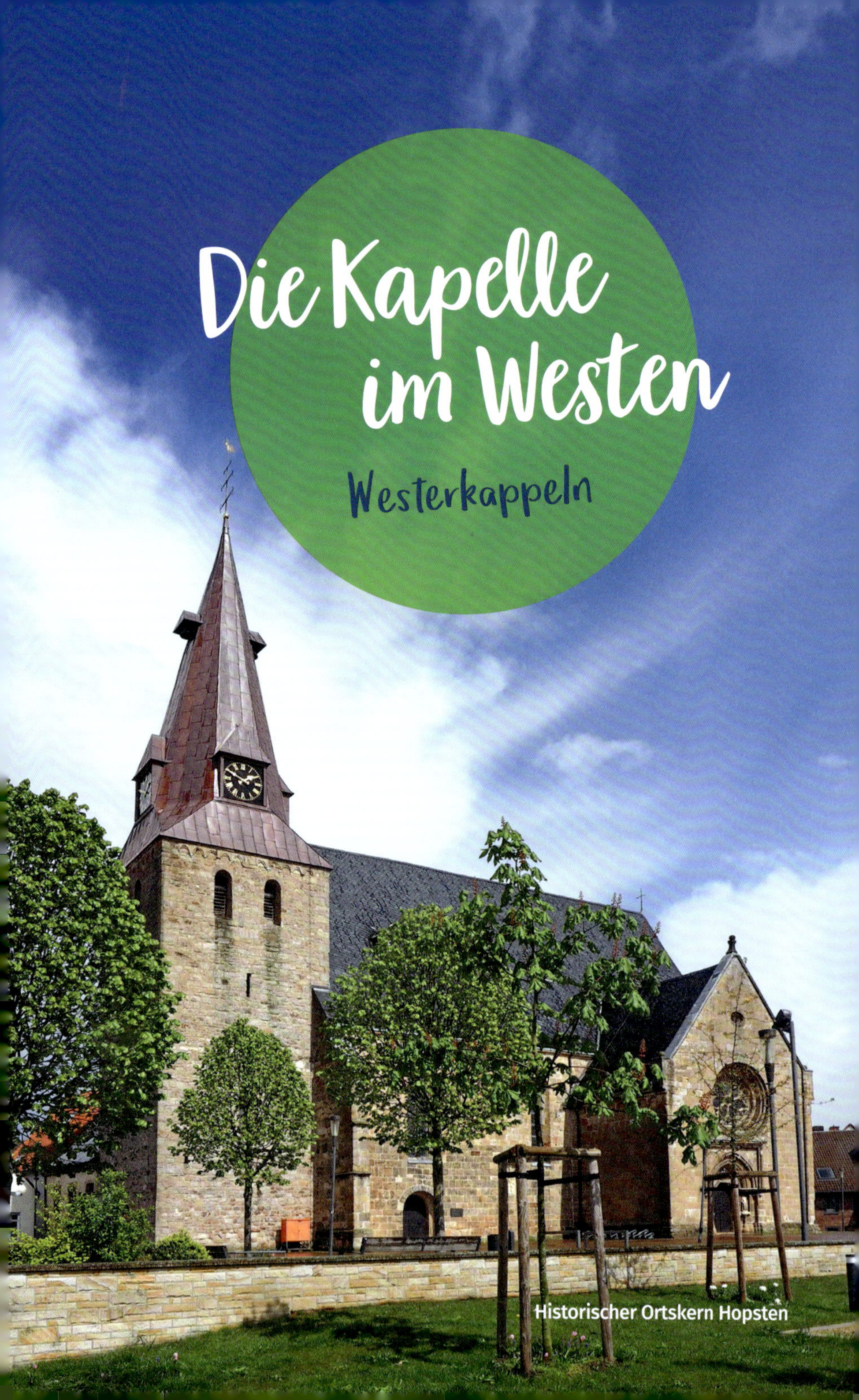

Die Kapelle im Westen
Westerkappeln
Historischer Ortskern Hopsten

Westerkappeln geht vermutlich auf die Zeit Karls des Großen zurück. Zur Weiterverbreitung des Christentums wurden Bistümer gegründet. In Osnabrück wurde ein Dom erbaut sowie davon ausgehend erste Kapellen errichtet – eine im Osten und eine im Westen. Daraus entstand der Name Westerkappeln, der 1188 als Kirchspiel erstmals schriftlich erwähnt wird.

Die das Ortsbild bestimmende evangelische Stadtkirche geht auf diese erste Kapelle zurück. Der Turm stammt möglicherweise schon aus dem 11. Jahrhundert und diente ursprünglich als Wehr- und Fluchtturm mit einem Einstieg in 4,5 m Höhe. Im 12. Jahrhundert entstand ein romanisches Kirchenschiff, und im darauffolgenden Jahrhundert wurde der Ausbau der Kirche vorangetrieben: Der Turm wurde erhöht und zum Glockenturm umgestaltet, Langhaus, Querhaus, Chorabschluss und Westturm wurden, mit einem Domikalgewölbe überspannt, kreuzförmig angelegt und spiegeln den Übergang zwischen Romanik und Gotik wider.

3

Anreise Pkw/Parkplatz:
Parkplatz Kirchstraße, 49492 Westerkappeln
(GPS 52° 18'49.82"N, 7° 52'34.00"E)

Anreise mit ÖPNV:
Buslinien 111, 132, 136, B1,
Haltestelle „Westerkappeln, Bahnhof"

www.gemeinde-westerkappeln.de

Das heute noch sichtbare Kreuzrippengewölbe stammt aus der 2. Hälfte des 15. Jahrhunderts, ein Teil der Inneneinrichtung trägt barocke Züge. Der Kirchplatz selbst wurde 2012/13 umgestaltet. Dabei wurden Überreste von Menschen und Alltagsgegenständen gefunden, die teilweise auf das Mittelalter zurückgehen. Heute bereiten vor allem die Wasserspiele, Grünanlagen und ein angrenzender Spielplatz den Besuchern große Freude.

Historischer Ortskern

Rund um die Kirche entstand eine Streusiedlung mit geschlossenem Ortskern im Bereich der Kreuzstraße, der Großen Straße und der Bahnhofstraße. Hier zeugen Fachwerk- und alte Bürgerhäuser von längst vergangenen Zeiten. Diese stammen jedoch meist aus der Zeit nach dem großen Brand am 15. Juni 1779, als ein Schmied beim Hantieren mit einem Vorderlader einen Schuss auslöste, der ein Feuer entfachte. Seine Schmiede und 28 weitere strohgedeckte Holzhäuser fielen den Flammen zum Opfer. Am Kreuzungspunkt der ursprünglich vorhandenen Straßen entstand der sogenannte „Kreuzplatz", den heute ein durch den Konzeptkünstler Heinrich Brummack gestalteter Brunnen mit einer goldenen Hasenstatue ziert. Goldene Kunstwerke und Alltagsgegenstände ziehen sich wie ein roter Faden überall durch das Stadtbild.

Kreuzstraße

Info

Sloopsteene

An der Grenze zwischen Westerkappeln und Lotte-Wersen befindet sich eines der größten und am besten erhaltenen Großsteingräber Westfalens. Es bestand ursprünglich aus einem 23,5 m langen, mit Erde bedeckten Hügel. Heute ist das Gebilde aus nordischen Geschiebefindlingen immer noch 18,5 m lang. Fünf der elf großen Decksteine liegen noch am ursprünglichen Ort und bilden eine 1,8 m breite Grabkammer. Der gute Zustand des Grabes und seiner Kammer führte dazu, dass 2015 die ursprüngliche Anordnung virtuell rekonstruiert werden konnte. Funde weisen darauf hin, dass hier in der Jungsteinzeit zwischen 3500 und 2800 v. Chr. Generationen von Toten bestattet wurden. Die Menschen lebten zu der Zeit in kleinen Siedlungen mit Holzhäusern. Aufgrund der prägnanten Grabbeigaben, die unter anderem Keramikgefäße mit Speisen und Getränken umfassten, werden die Erbauer der Steine der „Trichterbecherkultur“ zugeordnet. Verschiedene megalithische Bauwerke, darunter auch die westfälischen Großsteingräber, können europaweit über die Europäische Kulturstraße „Megalithic Routes“ und den „Weg der Großen Steine“ besucht und erfahren werden.

Der Sage nach liegt ein Zauber auf den Steinen, der es unmöglich macht, sie zu zählen. Zudem soll der Sachsenherzog Widukind darin begraben sein und nachts umherwandern. Ein Stein glühe dabei, um ihm Licht zu spenden.

www.megalithik.vr.lwl.org, www.megalithicroutes.eu, www.weg-der-grossen-steine.de

Friedhofstor

Gastronomie

Hotel Altes Gasthaus Schröer, Große Straße 10, 49492 Westerkappeln (www.hotel-gasthaus-schroer.de)

Museum

Traktorenmuseum Westerkappeln

Die Sammlung, die auf den Bestand des Landwirtes Friedrich Frehmeyer zurückgeht, gilt als eine der umfangreichsten und bedeutendsten im nordwestdeutschen Raum. Von April bis Oktober können auf dem 7.000 m² großen Grundstück am Wochenende landwirtschaftliche Geräte und Oldtimer besichtigt werden.

Traktorenmuseum Westerkappeln, Lotter Straße 20,
49492 Westerkappeln-Düte (www.westerkappeln.de/Traktor)

In der Nähe

Mettingen und das Tüöttenmuseum (Töddenmuseum)

Mettingen bietet interessierten Besuchern nicht nur einen durch Tüöttenhäuser geprägten historischen Ortskern, sondern auch mehrere Museen (Postmuseum, Schulmuseum, Mineralienausstellung) – allen voran das Tüöttenmuseum! Wer sich über die Tradition der Tödden informieren möchte, findet durch den Gasthof Telsemeyer Zugang zu der liebevoll zusammengestellten, kostenlosen Ausstellung im Hinterhof. Nachgestellte Szenen, Wohnräume, Werkstätten, Einrichtungsgegenstände, traditionelle Kleidung und Werkzeuge der Wanderhändler geben Einblicke in das Leben, Arbeiten und die Traditionen vor Ort sowie in die Flachs- und Leinenproduktion und -verarbeitung im 17. bis 19. Jahrhundert. Schautafeln vermitteln zudem einen Überblick über die Orts- und Regionalgeschichte und über die Handelswege.
www.mettingen-tourismus.de

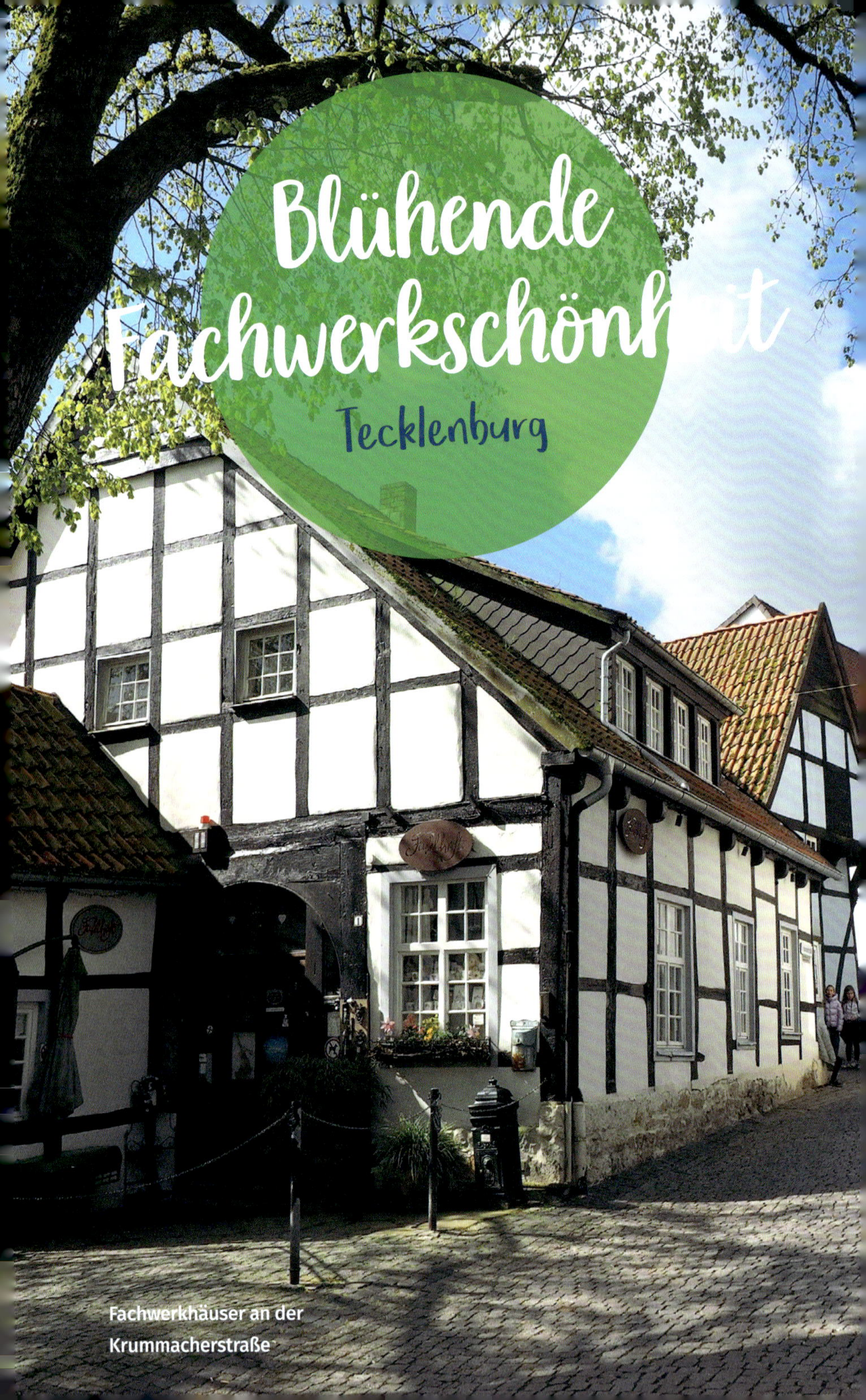

Fachwerkhäuser an der Krummacherstraße

An den nördlichen Hängen des Teutoburger Waldes gelegen und mit einer wildromantischen Natur aus steilen Felslandschaften, urwüchsigen Wäldern, sanften Hügeln und weiten Ausblicken gesegnet, wird das Tecklenburger Land häufig als „Balkon des Münsterlandes“ bezeichnet. Bleibt man bei diesem Bild, so ist die namensgebende Stadt sicherlich die schönste Blüte darauf. Der Luft- und Kneippkurort gilt als Deutschlands nördlichstes Bergstädtchen und versprüht mit malerischen Fachwerkbauten, entlegenen Winkeln, engen Gassen und Stiegen, historischen Türmen und seiner Burgruine einen verträumten Charme, der aus jeder Pore zu dringen scheint.

4

Anreise Pkw/Parkplatz:

P2 Altstadt, Parkplatz An der Post (Navi: Altstadtparkplatz), 49545 Tecklenburg (GPS 52° 13‘12.22“N, 7° 48‘52.69“E)

Anreise mit ÖPNV:

Buslinien 137, 140, 143, 146, 148, 149 208, 209, 401, R45, T22, Haltestelle „Tecklenburg, Stadt“

www.tecklenburg.de, www.tecklenburger-land-tourismus.de

Weiter Blick vom Wierturm über das Münsterland

Die ehemalige Zollfestung an der Handelsstraße von Lübeck über Bremen und Münster nach Köln war zur Zeit ihrer ersten urkundlichen Nennung 1184 die wohl größte und mächtigste Höhenburganlage Norddeutschlands. Sie liegt auf einem Bergsporn und befand sich unmittelbar an einem Pass über den Osning, dem auch der Jakobsweg folgte. Durch Landverluste und eine Streckenverlagerung der Fernhandelswege verlor sie ab 1400 an Bedeutung. Nach dem

Tipp

Freilichtspiele Tecklenburg

Schon über 100 Jahre, seit 1924, finden auf der Freilichtbühne an der Burgruine Theateraufführungen statt. Aus den Heimatfestspielen entwickelte sich mit der Zeit ein Freilicht-Musiktheater der Extraklasse mit drei verschiedenen Musicals pro Spielzeit – eines davon immer besonders für Familien geeignet. Eine mobile Überdachung sorgt dafür, dass 2.400 Zuschauer bei jedem Wetter das Live-Erlebnis genießen können.

Schloßstraße 7, 49545 Tecklenburg
(www.freilichtspiele-tecklenburg.de)

Niedergang unter den Preußen wurde sie 1744 als Steinbruch freigegeben. Relikte ihrer Pracht finden sich so in vielen Tecklenburger Häusern wieder – die Ruine selbst ist heute frei zugänglich und beherbergt zudem im ersten Burghof eine überregional bekannte Freilichtbühne. Der stattliche Wierturm, von dem aus sich eine herrliche Aussicht über Stadt und Land bietet (Schlüssel in der Touristeninformation), wurde auf dem Burggelände erst im 19. Jahrhundert errichtet – zur Erinnerung an den Arzt Johann Wier, der sich im 16. Jahrhundert gegen die Hexenverfolgung aussprach und vom Grafenhaus in seinem Widerstand unterstützt wurde. Wie viele Menschen er damit wohl vor Verfolgung, Folter und Tod bewahrte?

Wierturm

Altstadt und historische Neustadt

Auf einem Plateau unterhalb der Burg entwickelte sich eine kleine Marktsiedlung, die spätestens 1320 eine Stadtmauer besaß. Außerhalb dieser Mauer, in den Bereichen der Stadtkirche und der Ibbenbürener Straße, entstand eine Neustadt. Die in unmittelbarer Nähe der Burg stehenden Häuser mussten aufgrund der Entwicklung der Waffentechnik (Artillerie) Anfang des 16. Jahrhunderts einem freien Schussfeld weichen und kehrten erst gegen Ende des gleichen Jahrhunderts zurück, sodass der Marktplatz und die ihn umgebenden Häuser vorwiegend während dieser Zeit entstanden – bis heute ein Traum in Fachwerk mit einer ganz einzigartigen Atmosphäre. Auch die Marktlinde ist bereits mehr als 400 Jahre alt. Hier beginnt auch ein Stadtrundgang, der in effizienter Wegführung an den wichtigsten

Museum

Puppenmuseum

In einem historischen Fachwerkhaus aus dem Jahr 1684 dreht sich alles um Puppen, Puppenstuben und Spielzeug. Die ältesten Exponate stammen dabei aus der Zeit um 1875. Abgerundet wird die Ausstellung durch die Darstellung der Leinenproduktion, historische Wohnkultur und einige Werke des Malers Otto Modersohn.

Wellenberg 1, 49545 Tecklenburg (www.puppenmuseumtecklenburg.ev.ms)

Weiteres Museum:

Kunstmuseum Tecklenburg, Markt 9, 49545 Tecklenburg (www.kunstmuseumtecklenburg.de)

Tipp

Stadtführungen, Teutoschleifen und Hexenpfad

Es gibt nahezu unendlich viele Möglichkeiten, Tecklenburg und seine Umgebung zu besuchen. Zu den interessantesten gehören sicherlich die abwechslungsreichen, teils gewandeten Themenführungen oder eine Fahrt mit der Postkutsche (ab Haus Hülshoff). Die 10,5 km lange „Teutoschleife Tecklenburger Bergpfad“ stellt hingegen die Wunder der Natur und die Sehenswürdigkeiten im Umland von Tecklenburg und Brochterbeck in den Mittelpunkt. Ganz auf Tecklenburg selbst fokussiert ist die „Teutostadtschleife Tecklenburger Romantik“ (6,2 km mit Abstecher zum Gut Hülshoff und Haus Marck), während der Hexenpfad als Familientour in die Welt der Märchen und Mythen entführt. Auf 5,1 km Strecke geht es auf und ab durch sagenumwobene Felslandschaften wie die Hexenküche und den Hexentanzplatz, vorbei an der historischen Sandsteinmauer über die Höhe am Hermannsweg und zu geheimnisvollen Höhlen wie dem Rolandsgrab.

www.teutoschleifen.de, www.postkutsche-muensterland.de

Blick vom Wierturm auf Tecklenburg

Sehenswürdigkeiten Tecklenburgs vorbeiführt. Schon im Jahr 1527 bekannte sich das herrschende Grafengeschlecht zum Protestantismus – die evangelische Kirche wurde kurz darauf (1562/66) erbaut. Flachs- und Hanfanbau sowie die daraus resultierende Leinenproduktion führten im 17. Jahrhundert zu einem wirtschaftlichen Aufschwung und zu einem neuerlichen Wachstum der Stadt, sodass es trotz des Dreißigjährigen Krieges zu einem deutlichen Anstieg der Einwohnerzahlen kam. Die Bürger durften ein Rathaus errichten und Jahrmärkte veranstalten. Die Legge (staatliche Leinenprüfanstalt) im Torhaus entstand im Laufe dieser Phase um 1660. Seit 1924 werden in der Ruine der Burg Freilichtspiele aufgeführt, was der Stadt den Zusatz Festspielstadt bescherte. Mit Raum für 2.400 Zuschauer und großartigen Musicalproduktionen gilt die Freilichtbühne als größtes Freilicht-Musiktheater Deutschlands. Schon früh begann auch die Popularität Tecklenburgs als Urlaubsort.

Gastronomie

Café Rabbel, Markt 6, 49545 Tecklenburg (www.cafe-rabbel.de)

In der Nähe

Brochterbeck

Der größte Ortsteil Tecklenburgs ist selbst ein staatlich anerkannter Erholungsort und verzaubert seine Besucher mit Fachwerkromantik, historischen Kirchenbauten und einem charmanten Mühlenpark.
www.brochterbeck.de

Leeden

1240 wurde in Leeden ein Zisterzienserinnenkloster gegründet. Ein Besuch der Klosterkirche lohnt sich ebenso wie ein Rundgang durch das Zisterzienser- und Stiftsmuseum des Heimatvereins (geöffnet am 1. Sonntag im Monat von 14-17 Uhr).
www.heimatverein-leeden.de

Lengerich

Lengerich bietet eine Vielzahl von Sehenswürdigkeiten. In der Innenstadt bilden das alte Torhaus „Römer", das Alte Rathaus, die evangelische Stadtkirche und das Heimathaus ein sehenswertes Ensemble mit historischem Flair, während außerhalb der Stadt der außergewöhnliche Canyon (ehemaliger Kalksteinbruch) mit seinem blauen Wasser, Hortensiengarten und Skulpturenpark sowie das Megalithgrab Wechte faszinieren. Das westfälische Feldbahnmuseum lässt nicht nur die Herzen von Eisenbahnfreunden höherschlagen, sondern versetzt in alte Zeiten – inklusive einer kurzen Bahnfahrt.
www.lengerich.de

Von Äbtissinnen, Fürstbischöfen und einem Backunfall

Rheine

Im Inneren der neoromanischen Basilika

Etwa dort, wo sich heute das Wehr in der Ems befindet, führte in alten Zeiten eine Handelsstraße durch eine Furt. Nur wenige Meter von dieser Stelle entfernt befanden sich bereits im Jahr 838 eine Kirche und ein Königshof, der Villa Reni genannt wurde. Schon zu der Zeit der Neandertaler waren Jäger und Sammler durch diese Gegend gezogen. Ein Megalithgrab im Schotthock sowie uralte Grabhügelfelder in Mesum, Hauenhorst und Altenrheine dienen heute als stumme Zeugen der Tatsache, dass hier schon lange Menschen siedeln.

Heute gibt es andere Dinge, die den ersten Eindruck bestimmen, den ein Reisender von der zweitgrößten Stadt im Münsterland erhält. Nicht selten ist es der internationale Bahnhof, an dem so mancher ICE Station macht.

5

Anreise Pkw/Parkplatz:
Parkhaus Emsgalerie, Münsterstraße 37, 48431 Rheine
(GPS 52°16'38.97"N, 7°26'27.54"E)
Parkplatz Klostergarten, Marktstraße 21, 48431 Rheine
(GPS 52°16'42.79"N, 7°26'12.36"E)

Anreise mit ÖPNV:
Diverse IC und ICE, Regionalbahnen RB61, RB65, RE15, RE60, S,
Buslinien 141, 153, 195, EV, Haltestelle „Bahnhof – Rheine"
Buslinien C1-C7, G1, G2, R21, Haltestelle „Rheine, Bustreff"

www.rheine.de, www.rheine-tourismus.de

Weithin sichtbar ist auch die 1899-1905 erbaute Basilika, deren Erscheinungsbild an einen romanischen Kaiserdom erinnern soll und an die ottonische Stiftskirche in Hildesheim angelehnt ist. Ihr 102,5 m hoher Kirchturm ist nicht nur der höchste in Westfalen, sondern durfte auch lange Zeit von keinem anderen Bauwerk in der Stadt überragt werden.

Historischer Ortskern

In der Altstadt bietet sich ein gänzlich anders Bild. Auf dem Marktplatz pulsiert das Leben. Fahrräder und Fußgänger bewegen sich kreuz und quer, Gastronomie macht sich breit und lädt zum Verweilen unter den großen Sonnenschirmen ein, Menschen genießen ein Eis in der Sonne und Kinder hüpfen pitschnass durch die Fontänen des modernen Stadtbrunnens, während ihre Eltern es sich auf den Bänken am Rand gemütlich machen. Obwohl keines der schmucken Stadthäuser hier vor dem Jahr 1648 erbaut wurde und Barock- und Rokokogiebel die Fronten prägen, fühlt sich der Betrachter sofort in weit ältere Zeiten zurückversetzt, als habe er in dem Moment, an dem er den Markt betrat, ein Portal ins Mittelalter durchschritten. Und tatsächlich sind die Geschichten, die der Altstadtkern zu erzählen

Die neoromanische Basilika

Historischer Marktplatz bei Nacht

hat, weitaus älter als die wunderschönen geschichtsträchtigen Häuser am Rande des zentralen Platzes. So wird zum Beispiel erzählt, dass der Teufel den Neubau der heutigen Pfarrkirche St. Dionysius verhindern wollte – heute übrigens das älteste Bauwerk der Stadt. Es wird angenommen, dass sich an dieser Stelle bereits die 838 erwähnte Kirche befand. Um 1400 wurde damit begonnen, hier eine Hallenkirche zu errichten. Bei den vielen Unterbrechungen, die dazu führten, dass das Gebäude erst 120 Jahre später fertiggestellt wurde, soll der Teufel seine Hand im Spiel gehabt haben. Letztlich wurde er von den findigen Bürgern und Handwerkern entlarvt und stampfte kräftig mit seinem Pferdefuß auf, bevor er sich in Luft auflöste. Dieser Abdruck soll noch in den Bodenfliesen der Kirche erkennbar sein.

Gleich neben dem südlichen Brautportal, das den heiligen Dionysius zeigt – der übrigens um 250 als Missionar in Gallien wirkte und ein Martyrium erlitt –, erzählt das Beilmannsche Haus (Markt 15) die Geschichte des Stadtbrandes. Bombardierungen mit glühenden

Beilmannsches Haus

Kugeln zum Ende des Dreißigjährigen Krieges im September 1647 lösten einen schweren Brand aus. Die Holzhäuser konnten dem Feuer nicht standhalten. 339 Häuser wurden vernichtet, bei einem späteren Angriff weitere 26. Die Stadt war wie ausgelöscht. Doch bereits ein Jahr später hatte der Besitzer dieses Haus wieder aufbauen lassen. Sieben Kanonenkugeln und eine Inschrift an der Giebelseite erinnern an das schreckliche Ereignis. Auch das Eckhaus zur Münsterstraße (Markt 12) stand bereits 1649 wieder an Ort und Stelle und glänzt heute noch in frühbarocker Schönheit. An der Hauswand ist auf einem Relief das Vorgängergebäude abgebildet.

Falkenhof

Der für die Karolinger militärisch so relevante Gutshof Villa Reni (Bedeutung etwa: Hofgut am großen fließenden Wasser) geriet 838 als Schenkung Ludwig des Frommen in den Besitz des Benediktinerinnenklosters Herford. Unter der Aufsicht der Äbtissin wurden adelige Verwalter eingesetzt, die Herren von Hake und von Valke. Dass sich die Stadt jedoch rund um die Kirche und den heutigen Marktplatz bildete, lag an der zunehmenden Einflussnahme des Bischofs von Münster, der rund um die Kirche mehr und mehr Land in seinen Besitz nahm und schließlich die Nepomukbrücke errichten ließ, die die Furt ersetzte. Diese Brücke führte jedoch nicht mehr am ehemaligen Königshof vorbei, sondern direkt auf den Marktplatz, wo eifrig Handel getrieben wurde. 1327 wurden dem mittlerweile von einer Stadtmauer umgebenen Rheine die Stadtrechte verliehen. Der Falkenhof lag außerhalb dieser Mauern und besticht trotz alledem heute noch mit seiner Schönheit und dem äußerst sehenswerten Museum.

Kloster Bentlage und Saline Gottesgabe

Während Handel und Textilgewerbe der Stadt Rheine besonders im 16. Jahrhundert zu Ansehen und Reichtum verhalfen, sorgte vor den Toren der Stadt, in Bentlage, eine Solequelle für Aufsehen. Die Echtheit der Urkunde, nach der bereits seit 1.000 Jahren Salz in Rheine gewonnen wird, ist zwar zweifelhaft – dennoch blickt auch dieses Handwerk vor Ort auf eine jahrhundertealte Tradition zurück. Der aktuelle, prachtvoll anzusehende barocke Salinenbau stammt aus der Zeit um 1743/45. Es besaß damals eine Länge von 950 Fuß (298,2 m) und eine Höhe von 24 Fuß (7,53 m). Weite Teile des Bauwerks fielen einem Gewittersturm im Jahr 1940 zum Opfer. Gut erhaltene Passagen laden jedoch immer noch dazu ein, zu entspannen, die salzhaltige Luft zu inhalieren und der Vergangenheit nachzuspüren.

Tipp

Stadt- und Erlebnisführungen

Neben klassischen Stadtführungen und öffentlichen Gästeführungen mit den verschiedensten Schwerpunkten (zum Beispiel historisch, kulinarisch, auf den Spuren von Skandalen und Geheimnissen, Frauen, Helden, Heiligen und besonderen Gebäuden) werden Erlebnisführungen angeboten: Hier schildern historische Figuren wie der Nachtwächter, die Marketenderin Helma, die Magd Stine, der Knecht Bennatz, die Bauersfrau Dietlinde oder auch die Bilder des Malers Carl Weddige Rheines Geschichte(n) unterhaltsam und anschaulich aus ihrer ganz eigenen Perspektive. Ein Erlebnis sind auch das Salzsiedehaus und die Salzwerkstatt mit der Schausiedepfanne, in der der Prozess des Siedens hautnah miterlebt werden kann.

Saline „Gottesgabe"

Das Ganze ist umgeben von einer weiten Parklandschaft, in die auch der 13 Hektar große NaturZoo integriert ist, in dem vor allem der Affenwald eine ganz besondere Attraktion darstellt.
600 m weiter nordöstlich lädt, direkt am Ufer der Ems gelegen, das ehemalige Kreuzherrenkloster Bentlage zum Entdecken und Erkunden ein. Es wurde 1437 gegründet und zur Zeit Napoleons als Adelssitz ausgebaut. Heute ist es mit seinen weiten Parkanlagen, dem Museum und dem Klostercafé für die Öffentlichkeit zugänglich und ein Ort der Schönheit und Freude.

Info

Pumpernickel

Das dunkle, aromatische Roggenbrot ist eine typisch westfälische Delikatesse. Seinen süßlichen Geschmack verdankt es einer langen Backzeit bei niedriger Temperatur, bei der die natürliche Stärke der Körner verzuckert.
Um seinen Ursprung ranken sich die vielfältigsten Sagen und Geschichten. Eine davon besagt, dass es seinen Ursprung in der Bäckerei Pompey in Rheine am Thietor fand, die jahrhundertelang vor Ort existierte. So hatte der junge Bäcker, genannt „dem Pompey sein Nickel", gerade ein Brot in den Ofen geschoben, als er zur Verteidigung an die Stadtmauer gerufen wurde. Die Schlacht war hitzig, aber nach 24 Stunden erlangten die Rheiner Bürger einen Sieg. Das Wehklagen war groß, als der Bäcker in seinen Ofen schaute und dort einen dunklen Klumpen fand – sein vergessenes Brot. Doch als er es später durchschnitt und einen Brocken davon kostete, stellten er und seine Kameraden fest, dass ihm ganz versehentlich ein köstlicher Geniestreich gelungen war.

Geschichtsträchtige Hügel

Bereits die fränkischen Krieger, die den Falkenhof anlegten, schätzten die Lage der heutigen Stadt auf natürlichen Kalkhügeln. Dieser Cenomankalk wurde bereits im 14. Jahrhundert abgebaut. Der Waldhügel im Südwesten Rheines bietet daher nicht nur eine erhebende Aussicht, sondern trägt als stummer Zeuge dieser Nutzung stolz seine Kreidefelsen zur Schau. Zu ihren Füßen schimmert ein malerischer See, dessen Wasser ungewöhnlich blau gefärbt ist – eine Folge des hohen Kalkanteils.
Ein weiterer Blickfang mit bestechender Aussicht und viel Geschichte befindet sich im Westen auf dem Thieberg: das Stonehenge von Rheine, die Hünenborg – ein Monument und Kriegerehrenmal, das 1925/27 im Gedenken an die Gefallenen des Ersten Weltkrieges errichtet wurde, jedoch auch an die Verstorbenen der Einigungskriege 1864 und 1871 erinnert.

Kriegerdenkmal Hünenborg

Gastronomie

Café Echtzeit, Marktplatz 13, 48431 Rheine (www.echtzeit-rheine.de)
Klostercafé Bentlage, Bentlager Weg 130, 48432 Rheine (www.klostercafe-bentlage.de)

Kreidefelsen am Waldhügel

Museum

Falkenhof Museum

In den Gebäuden der Hofanlage, die gemeinsam mit der Stadtkirche die Keimzelle Rheines darstellen, befindet sich eine äußerst sehenswerte Ausstellung zur Geschichte des Gebäudes, der Bewohner und der Stadt.

Tiefe Straße 22, 48431 Rheine

Weitere Museen:

Museum Kloster Bentlage (www.kloster-bentlage.de)

Salzsiedehaus mit Josef-Winckler-Haus und Salzwerkstatt

In der Nähe

Museumsinsel Hof Deitmar Emsdetten

Emsdetten blickt auf eine jahrhundertelange Wannenmacher-Tradition zurück. Aus verschiedenen Weidenarten, deren Materialien miteinander kombiniert wurden, fertigten die Handwerker flache Wannen, in denen in alten Zeiten durch Hochschleudern des geernteten Getreides buchstäblich die Spreu vom Weizen getrennt werden konnte. Jahrhundertelang besaß die Gilde das Monopol für dieses Handwerk, bevor durch den Einsatz moderner Dreschmaschinen keine derartigen Flechtwerke mehr benötigt wurden. Nun wurde vor Ort vor allem Jute gefertigt, die von moderneren Textilien abgelöst wurde. Die letzte aktive Wannenmacher-Werkstatt wurde 1968 geschlossen und das Gebäude, das sich zwei Straßen entfernt befand, 1983 vollständig auf die Museumsinsel versetzt. Es ist hier mit Original-Werkstatt und Einrichtung als Museum während der Öffnungszeiten kostenlos zu besichtigen. Auf der Museumsinsel, einer Parkanlage in der Innenstadt rund um einen der Urhöfe Emsdettens, den Schulzenhof Deitmar, erfahren Besucher alles über alte Handwerkskunst: Das Wannenmacher-Museum, ein alter Speicher, ein Backhaus und das August-Holländer-Museum, in dem sich alles um die Kunst der Weber und das Textilgewerbe dreht, versetzen ihre Gäste von außen wie auch innen in alte Zeiten. Der Schulzenhof selbst dient zudem als Sitz des Heimatbundes sowie als Trauzimmer und Seminarraum. Die Parkanlagen wurden 2024 neu barrierefrei gestaltet. Besonders schön: Auf dem Spielplatz findet sich eine kleine bespielbare Replik eines alten Fachwerkhauses.

Mühlenstraße 26-28, 48282 Emsdetten
(www.emsdetten-entdecken.de, www.vvemsdetten.de)

Pottbäckers Allerlei

Ochtrup

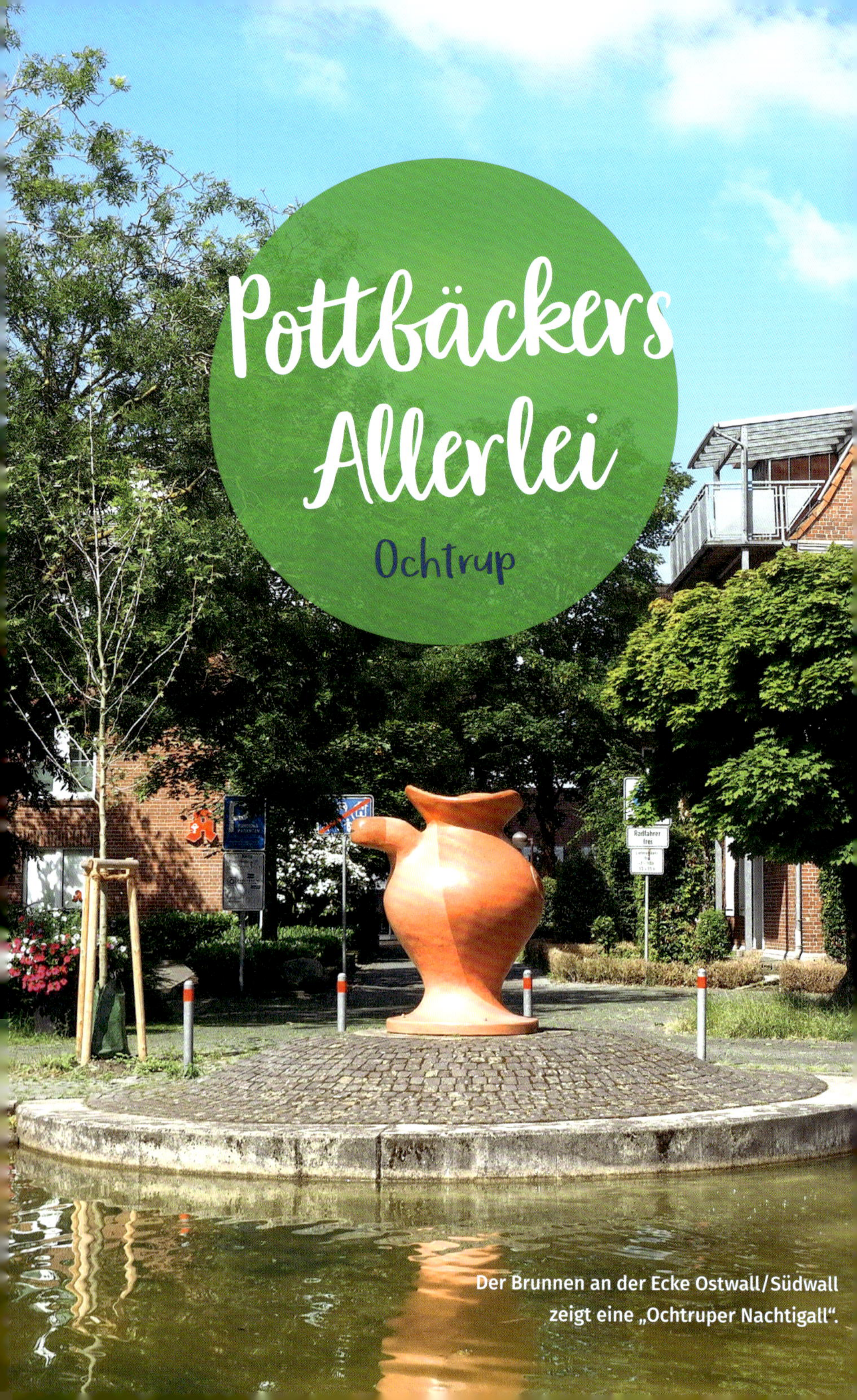

Der Brunnen an der Ecke Ostwall/Südwall zeigt eine „Ochtruper Nachtigall“.

Auch wenn in Ochtrup – wie in so vielen Orten im Münsterland – Flachsanbau, Leinenherstellung und Textilindustrie in der Vergangenheit eine große Rolle spielten, so geben in der Töpferstadt doch andere Geschichten buchstäblich den Ton an. Folglich weisen blaue Wegesteine aus der Ochtruper Töpferwerkstatt im Straßenpflaster Interessierten den Weg zu den markantesten Sehenswürdigkeiten der Stadt. Sie zeigen eine stilisierte Darstellung der Lambertikirche. Tatsächlich bestimmte der schöne, rote Ton, der sich so gut verarbeiten lässt, die Geschicke der Ortschaft und des Umlandes. Funde zeigen, dass bereits 1180 ein Ofen außerhalb der damaligen Stadt existierte. Und da Töpferwaren gleich in der Erde entsorgt wurden, wenn sie nicht gelungen waren oder beim Brennen Schaden genommen hatten, ist der Bereich um diesen Erdofen herum ein Eldorado für Historiker, die dort bereits unzählige Scherben vom Ende des 12. bis ins 20. Jahrhundert hinein finden, datieren und auswerten durften.

6

Anreise Pkw/Parkplatz:
Parkplatz Poststraße, Poststraße 1, 48607 Ochtrup
(GPS 52° 12'36.24"N, 7° 11'24.31"E)

Anreise mit ÖPNV:
Buslinien 174, 182, BB Metelen, BB1, L800,
Haltestelle Ochtrup, Becker

www.ochtrup.de

Elf Brennöfen sind rund um Ochtrup nachgewiesen, ebenso die Tatsache, dass dort um 1800 23 Töpfereien und sieben Ziegeleien existierten. Das 1991 als Museum eröffnete ehemalige Wohnhaus der Töpferfamilie Eiling ist ein ebenso ergiebiger Quell an Stadtgeschichte: Hier sind nicht nur regionale Töpferwaren aus allen Epochen ausgestellt, sondern auch die alten Wohnräume und Haushaltsutensilien im Originalzustand aus den Anfängen des 20. Jahrhunderts zu bewundern. Das Ackerbürgerhaus stammt selbst aus dem Jahr 1678 und ist bereits aufgrund dieser Tatsache sehenswert.

Niederländische Renaissance für alle

Doch obwohl das Stadtzentrum nicht die Dichte an historischen Bauten aufweist, die wir an anderen Orten vorfinden, besticht Ochtrup durch eine große, bunte Vielfalt an steinernen Zeugen verschiedenster Epochen. So wurde für das überregional bekannte Designer-Outlet (DOC) unter anderem der 1893 im Stil der niederländischen Renaissance errichtete Beltmann-Bau in das historisierende Ambiente mit Giebelhäusern und Promenade einbezogen. Es handelt sich dabei um das ehemalige Verwaltungsgebäude der Textilfabrik Gebrüder Laurenz.
Stilistisch sehr ähnlich und auf ebenso geschickte Weise heute öffentlich zugänglich, liegt die Villa Winkel im Zentrum der grünen Lunge der Stadt. Der ehemalige

Villa Winkel

Beltmann-Bau (erbaut 1893/94)

herrschaftliche Wohnsitz der bereits erwähnten Textilfabrikanten-Familie mit einem Jugendstil-Wintergarten, Ziergiebeln und einem Turm mit geschweifter Haube befindet sich heute im Besitz der Stadt Ochtrup und dient sowohl als Repräsentations- und Verwaltungsgebäude mit Trauzimmer als auch als Seniorenbegegnungsstätte mit Café. Der Park mit historischem Baumbestand wurde als Stadtpark gestaltet und wird von der Bevölkerung und Besuchern gern zum Entspannen und Verweilen genutzt.

Tipp

Gästeführungen und Hörstationen „CultureCall®"

Selbstverständlich werden auch in Ochtrup vielfältige Gästeführungen angeboten. Auf eigene Faust erkunden lässt sich die Stadt mithilfe der App CultureCall®. Über QR-Codes lassen sich lebhafte Schilderungen von Zeitzeugen abrufen.

Verspielte Naturen können zudem vor Ort den Spieleklassiker „Monopoly" in einer Ochtrup-Edition erwerben.

Opulente Kirchenbauten

1866/69 wurde die St.-Lamberti-Kirche im neugotischen Stil neu erbaut – in dreifacher Größe ihres mittelalterlichen Vorgängerbaus. Um diese Größe zu erreichen und den verfügbaren Raum zu nutzen, wurde der Sakralbau um 90 Grad gedreht und verfügt nun über ein nach Süden ausgerichtetes Kirchenschiff und einen Nordturm. Dabei wurden ältere Elemente in den Innenraum integriert: beispielsweise der romanische Taufbrunnen aus Bentheimer Sandstein im östlichen Seitenschiff oder die vergoldete Holzplastik des heiligen Lambertus aus der Zeit um 1390. Auf dem Platz vor der Kirche erinnert ein Brunnen an die örtliche Tradition des Lambertusspiels, bei dem Kinder am Namenstag des Kirchenpatrons (18. September) um einen Pyramidenbaum tanzen und singen.

Eine der bedeutendsten Hallenkirchen des Münsterlandes findet sich im Ochtruper Ortsteil Langenhorst. Die atemberaubend eindrucksvolle, doppeltürmige Stiftskirche aus der Zeit um 1230 verbindet vielfältige, meist romanische Elemente und erinnert damit an

Lambertikirche

Museum

Töpfereimuseum

In dem ehemaligen Wohnhaus der Töpferfamilie Eiling, einem Ackerbürgerhaus aus dem Jahr 1678, befindet sich eine umfangreiche Sammlung Ochtruper Töpferwaren aus der Zeit seit dem 14. Jahrhundert. Natürlich gibt es auch die „Ochtruper Nachtigall" zu sehen, eine Gefäßflöte, mit deren Hilfe beim Hineinblasen (mit und ohne Wasser) unterschiedliche Töne erzeugt werden können – ähnlich dem Gesang einer Nachtigall. Die Ausstellung vermittelt zudem reichlich Wissen zur Geschichte der „Pöttker" und zu ihren Handelswegen und zeigt ehemalige Wohnräume und Gegenstände im Originalzustand um die Jahrhundertwende des 19./20. Jahrhunderts.

Über die Actionbound-App und einen vor Ort erhältlichen QR-Code kann eine interaktive Museumsrallye abgerufen werden. Auch ein analoges Museums-Quiz für Kinder und reichlich zusätzliche Informationen erwarten die großen und kleinen Besucher.
Töpferstraße 10, 48607 Ochtrup
(www.ochtrup.de)

die großen mittelalterlichen Domanlagen in Münster, Worms, Speyer und Mainz. Herausragend sind der kurze, gedrungene Grundriss sowie die gebundene Ordnung im Aufbau der Kirchenanlage, basierend auf quadratischen Grundrissen und der gleichen Scheitelhöhe der Gewölbe aller Elemente. Dies führt zu einem überwältigenden Raumeindruck, der zugleich augenblicklich den (zutreffenden) Eindruck vermittelt, sich in einem Kloster zu befinden. Gemeinsam mit mehreren erhaltenen Stiftsgebäuden bildet die St. Johannes Baptist gewidmete heutige Pfarrkirche einen Stiftsbezirk, der von Gräften und der Vechte umflossen wird.

Ein Herrenhaus für Leib, Herz und Seele

Alte Bäume, die den Eindruck vermitteln, sprechen zu können. Eine klappernde Mühle am rauschenden Bach. Eine vom heiligen Nepomuk bewachte Brücke. Ein märchenhaftes Anwesen, umrankt von Rosen, Clematis, Efeu und riesigen Rhododendren und vollständig vom Wasser umschlossen. Aus diesen zauberhaften Zutaten – wem fällt da nicht das Märchen von Dornröschen ein? – ist die Wasserburg Haus Welbergen unweit der Landstraße zwischen Steinfurt und Ochtrup beschaffen. Der ehemalige westfälische Adelssitz der 1282 erstmals erwähnten Herren von Welbergen besteht aus einer Vor- und Hauptburg, die von einer mit Türmen gesicherten Mauer und einem durch den Gauxbach gespeisten Gräftenring umgeben sind. Das Herrenhaus selbst erhielt seine heutige Gestalt um 1560/70. Die Gartenanlagen gehen auf den Barock und die Zeit der Renaissance zurück. Mittlerweile ist das Gelände im Besitz einer Stiftung und vollständig für die Öffentlichkeit zugänglich. Das Haus selbst wird für kulturelle Veranstaltungen und Trauungen genutzt. Von Wald und Wasser umgeben, begleitet vom Quaken der Frösche und dem Zwitschern der Vögel, bieten Burganlage, Gärten, Brücken und die Wege um die Gräften herum ein wahres Paradies für Ausflügler, Erholungssuchende, Romantiker, Natur- und Gartenliebhaber von nah und fern.

„Stüwwenkopp" am Westwall – Überrest der Stadtbefestigung von 1593

Gastronomie

Restaurant Odysseus, Kniepenkamp 1, 48607 Ochtrup (www.odysseus-ochtrup.de)

Haus Welbergen

In der Nähe

rock'n'popmuseum Gronau

Ganz tief eintauchen in die Welt von Rock und Pop und in die Musikgeschichte des 20. Jahrhunderts können Besucher im bundesweit einzigartigen rock'n'popmuseum in Gronau, der Geburtsstadt Udo Lindenbergs. Ihren großen Sohn bindet die Stadt ihren Gästen bei jeder Gelegenheit auf die Nase – unter anderem als Skulptur auf einem Kreisverkehr. Ein Aufenthalt in der Altstadt mit der beeindruckenden neugotischen Pfarrkirche St. Antonius auf der Kircheninsel und dem historischen Rathausturm – aufgrund des absackenden Untergrunds auch bekannt als „der schiefe Turm von Gronau" – lohnt sich. Seit 2024 wird das im Krieg zerstörte Rathaus an alter Stelle passend zum Turm wieder aufgebaut. Rund um die Gastronomie der Innenstadt wird die ganz individuelle Musik- und Szenekultur Gronaus deutlich spürbar.

www.rock-popmuseum.de,
www.gronau-inside.de

Märchenhaft schön: das Torhaus des Wasserschlosses Steinfurt

Der perfekte Ort, um vollständig und voller Freude in die Vergangenheit abzutauchen, befindet sich im Münsterland: Burgsteinfurt. Der historische Ortskern und sein unmittelbar benachbartes Wasserschloss bieten eine Fülle von historischen Bauten verschiedener Epochen in friedlicher Koexistenz, die dazu einladen, sie zu bestaunen und zu genießen: Burgmannshöfe, Ackerbürgerhäuser, Fachwerkbauten, Steinhäuser und öffentliche Bauten. Ebenso vielfältig wie die Architektur sind auch die Ursprünge der Ortschaft, bei der – wie der Name schon sagt – eine steinerne Furt, ein Rittergeschlecht, historisch gewachsene Bauernschaften, ein vorchristliches Heiligtum und der Johanniterorden eine Rolle spielen. Die Tatsache, dass die Stadt sich früh dem Protestantismus zuwandte, führte dazu, dass der Markt zentraler Platz der Ortschaft wurde und nicht die Kirche.

7

Anreise Pkw/Parkplatz:

PWanderparkplatz Schlosspark, Burgstraße 22, 48565 Steinfurt (GPS 52° 8'45.25"N, 7°20'38.97"E)

Anreise mit ÖPNV:

Buslinien 171, 172, 174, 186, N5, R73, R75, R80, Haltestelle „Burgsteinfurt, Schloss"

www.steinfurt-touristik.de
www.steinfurter-land.de

Das historische Rathaus

Die steinerne Durchfahrt durch die Steinfurter Aa befand sich vermutlich in der Nähe der Kreuzung Wasserstraße/Europaring. Nicht weit von dieser Stelle siedelte sich schon früh ein Rittergeschlecht an, um die Wege zu kontrollieren und Zölle einzutreiben – etwa dort, wo bereits 890 in einer Urkunde von einer „villa veliun" in der Bauernschaft Veltrup berichtet wurde. Das heutige Schloss Steinfurt und seine Edelherren wurden 1129 erstmals erwähnt. 1347 erhielt Steinfurt die Stadtrechte, im 15. Jahrhundert war es reichsunmittelbar nur noch dem Kaiser selbst unterstellt, und am Marktplatz wurde eine Halle errichtet, die die Stadtwaage und die Verkaufsstände der Händler beherbergen konnte. Die Bürger errichteten zum Schutz ihrer Stadt eine Befestigung mit Wallanlagen, Gräben und einer Stadtmauer mit vier Toren. Das wohl älteste Haus der Stadt, das heute Weinhaus genannt wird und die Stadtbücherei beherbergt (Markt 19), geht auf diese Zeit zurück und könnte so manche Geschichte erzählen. 1561 wurde – möglicherweise auf den Grundmauern der bereits vorhandenen Halle – nach Münsteraner Vorbild ein steinernes Rathaus mit Säulen und einem Glockenturm errichtet. Nachdem das Grafengeschlecht sich 1564 dem Protestantismus zuwandte, entstand 1591 eine eigene Hohe Schule als Gegenpol zur katholischen Universität in Münster. Hier wurden die klassischen Wissenschaften unterrichtet: Theologie, Jura, Philosophie und Medizin. In der Folge siedelten sich auch die Professoren im Ort an und erbauten stolze Steinhäuser im Stil der Renaissance, beispielsweise die Beamtenhäuser Kes-

Tipp

Gästeführungen/Bagno 1790 – digitale Zeitreise

Mithilfe von QR-Codes können sowohl vor Ort an den Infotafeln als auch zuhause über die Homepage oder ein Faltblatt 3D-Animationen und 360-Grad-Filme der alten Pracht abgerufen werden, die „il Bagno" um 1790 ausmachte. Längst nicht mehr vorhandene Gebäude werden so zu neuem Leben erweckt und für die Nutzer spürbar und wahrnehmbar gemacht. Ein Erlebnis zum Verlieben!

Ebenso lebendig sind jedoch auch die Schilderungen der Gästeführer, die – oftmals in Gewandung – Besuchern ihren ganz eigenen Einblick in die alten Zeiten der Stadt vermitteln. Auf analoge Weise interaktiv und ganz individuell auf jeden einzelnen Besucher zugeschnitten ist dabei die Führung der Wehmutter Anna Krechting.

Beamtenhäuser Goddaeus (links) und Kestering (rechts)

Evangelische Große Kirche

tering und Goddaeus (Markt 16 und 18). All diese Pracht – sowohl die Hohe Schule als auch Rathaus, Weinhaus, Ackerbürger- und Patrizierhäuser – kann heute noch beim Rundgang durch die Stadt bewundert werden.

Friedhof

Parallel dazu bestand weiter südlich eine weitere Bauernschaft. An der Stelle eines vorchristlichen Heiligtums wurde bereits um 800 eine der ältesten Kirchen des Münsterlandes errichtet – ein Vorgängerbau der heutigen evangelischen Großen Kirche, die um 1350 ihre heutige weithin sichtbare, imposante Gestalt erhielt. In

Museum

Stadtmuseum Burgsteinfurt

Die vom Heimatverein ehrenamtlich betreute Sammlung macht die lange und abwechslungsreiche Stadtgeschichte auf vielfältige Weise erlebbar.

Stadtmuseum Burgsteinfurt, An der Hohen Schule 13,
48565 Steinfurt-Burgsteinfurt (www.steinfurt-touristik.de,
www.heimatverein-burgsteinfurt.de)

Weitere Museen:

Blaudruckwerkstatt, Kirchstraße 4,
48565 Steinfurt-Burgsteinfurt
Heimathaus Borghorst, Münsterstraße 7,
48565 Steinfurt-Borghorst
HeinrichNeuyBauhausMuseum, Kirchplatz 5,
48565 Steinfurt-Borghorst

Wasserschloss Steinfurt

unmittelbarer Nachbarschaft siedelte Edelherr Rudolf II. von Steinfurt einige Kriegskameraden aus dem Johanniterorden an. Die Gebäude ihrer „Kommende" genannten Niederlassung (gegründet 1244) sind bis heute erhalten. So bildete sich ein eigener Bezirk, dessen Name „Friedhof" an das frühere Heiligtum erinnert: Denn jeder, der es erreichte, galt als frei und durfte nicht bestraft werden.

Das Wasserschloss

So bezaubernd die Altstadt auch sein mag mit ihrer faszinierenden Vielfalt historischer Gebäude, es ist das Wasserschloss, das Burgsteinfurts Besuchern endgültig den Atem stocken lässt! Es gilt als älteste Wasserburganlage Westfalens. Anfang des 12. Jahrhunderts wurde auf der sogenannten „oberen Insel" eine Wasserburg mit Wehrturm und Holzbauten errichtet, der im 13. Jahrhundert weitere Gebäude auf einem von Wällen, Palisaden und Gräben umgebenen

„Unterhof" (Vorburg) folgten. Nachdem die ursprüngliche Anlage bereits 1164 aufgrund einer Fehde mit den Herren der Burg Ascheberg zerstört wurde, waren die folgenden Jahrhunderte geprägt durch An- und Umbauten, wechselnde Besitzverhältnisse, Kriegsschäden (beispielsweise im Dreißigjährigen Krieg), Wiederaufbau und Umgestaltungen. Heute zeigt sich uns ein prachtvolles, privat bewohntes Schloss mit vielen barocken Elementen auf einer beinahe kreisrunden Insel, deren Form sich auch in den Haupthäusern widerspiegelt, umflossen von der Steinfurter Aa. Weiter östlich befindet sich eine Vorburg, die wiederum zur Straße hin von einem Torhaus bewacht wird, das durch sein aufwändiges Fachwerk eine wahre Augenweide darstellt und sich bei schönem Wetter malerisch im Wasser spiegelt. Jeden ersten Freitag im Monat ist es nach Anmeldung möglich, an einer Gruppenführung teilzunehmen.

Verwunschene Gasse
in Burgsteinfurt

Ein paradiesischer Park

Der Steinfurter Graf Karl Paul Ernst zu Bentheim-Steinfurt war ein weitgereister Mann. Unter seiner Anleitung wurde der gräfliche Lustgarten mit Ententeich und Eichenwald nach dem Vorbild der Gärten von Versailles zu einer barock gegliederten französischen Gartenanlage umgestaltet. Sein Sohn Ludwig baute den Park weiter aus, verwendete jedoch mehr und mehr Elemente englischer Landschaftsgärten mit geschwungenen Formen und exotischen Akzenten. Schließlich hatte „il Bagno" (deutsch: das Bad) insgesamt

Unmittelbar neben dem Wasserschloss schließen sich malerische Fachwerkhäuser an.

90 Gebäude und Attraktionen zu bieten. Von nah und fern strömten die Menschen herbei, um im „Phantasialand des 18. Jahrhunderts" zu lustwandeln und die Schönheit der Anlage zu genießen. Ab 1806, nach der Übernahme Napoleons, begann der Park zu verfallen. Viele Gebäude brachen zusammen oder wurden abgerissen, die Natur eroberte die Fläche zurück. Erst in den vergangenen Jahrzehnten wurde mit der Restaurierung und Erhaltung des Parks begonnen. So wird die Konzertgalerie aus dem Jahr 1774 als ältester freistehender Konzertsaal in Europa angesehen.

Gastronomie

Café Schwan, Steinstraße 7, 48565 Steinfurt-Burgsteinfurt (www.cafe-schwan.de)

Burgmannshöfe im Quadrat

Horstmar

Schlosstor

Einst lag auf einer Anhöhe eine stolze Burg. In ihrer Mitte thronte ein dicker, hoher, mächtiger Bergfried. Südlich davon hatte sich eine kleine Siedlung gebildet. Ihre Straßen führten in alle vier Himmelsrichtungen, und eine hohe Mauer bildete einen nahezu quadratischen Schutzwall für die Bevölkerung – bewacht von den tapferen Burgmannen, die ihre stolzen Häuser direkt an der Mauer errichteten, um stets wachsam sein zu können. Der Fürstbischof liebte es, sich dort aufzuhalten. Doch der Dreißigjährige Krieg bereitete all der Pracht ein jähes Ende: 1634 wurden die Burg und ihre Ortschaft von protestantischen Truppen geplündert, 1635 folgte die völlige Zerstörung des Herrschaftssitzes durch die Hessen. Die kläglichen Überreste wurden zur Straßenbefestigung und als Baumaterial verwendet. Geblieben sind einige Erhebungen im Boden, umgeben von einem kleinen Wäldchen, die Stadt selbst und eine ganze Reihe ihrer prachtvollen Burgmannshöfe.

8

Anreise Pkw/Parkplatz:

NParkplatz an der Krebsstraße, 48612 Horstmar (GPS 52° 4'53.51"N, 7°17'58.75"E)

Anreise mit ÖPNV:

Buslinien 186, 772, N6, R81, S70, Haltestelle „Horstmar, Kirche"

www.horstmar.de

Eine Burg wurde schon im 9. Jahrhundert erstmalig urkundlich erwähnt, der Name „Hurstmere" im 11. Jahrhundert. 1269 bis 1802 diente Horstmar als Sitz und Amt der Fürstbischöfe von Münster. 1571 wurde ein Rathaus errichtet, das heute noch in stolzem, historischem Glanz das Zentrum der Altstadt markiert. In seinem Rücken erhebt sich die gotische Hallenkirche St. Gertrudis aus dem 14. Jahrhundert. Am Turm sind noch Schießscharten zu erkennen, was auf seine ursprüngliche Wehrhaftigkeit schließen lässt. Turmhelm und die markante Innenausstattung stammen aus dem 19. Jahrhundert.

Burgmannshöfe

Eingerahmt wird die Kleinstadt-Schönheit von malerischen Burgmannshöfen. Auf älterer Bausubstanz und den Fundamenten der Stadtmauer errichtet, leuchten uns heute herrschaftliche Gebäude entgegen, die von den Burgmannen errichtet und bewohnt

Tipp

Ritter-Route

Ein auf Radfahrer zugeschnittener Rundkurs führt vorbei an den historischen und kulturellen Höhepunkten der Stadt Horstmar. Dabei berührt sie nicht nur die Burgmannshöfe, sondern auch die über Bodenerhebungen erkennbare ehemalige Burg im Herrenholz sowie weitere Herrensitze, ein mittelalterliches Gräberfeld, die Jannings-Quelle (eines der bedeutendsten Naturdenkmäler Westfalens) und die Mühlen am dort entsprungenen Leerbach, von denen Schmeddings Doppelmühle die Funktion als Wind- und Wassermühle kombiniert.

www.ritterroute.de

In der Nähe

Schöppingen

Nicht weit von Horstmar entfernt bietet Schöppingen mit dem Alten Rathaus aus dem Jahr 1583 und der Pfarrkirche St. Brictius, die auf einer eroberten sächsischen Fliehburg erbaut und schon 838 urkundlich erwähnt wurde, reichlich historisches Ambiente. Der heutige Kirchturm stammt aus der Zeit um 1100. Er trägt Spuren eines Brandes im Jahr 1453 – eine Folge der Münsterischen Stiftsfehde.

www.schoeppingen.de

wurden. Diese Männer waren dafür verantwortlich, Burg und Stadt zu bewachen, zu verteidigen und zu verwalten. Ihre stattlichen Höfe stammen in ihrer heutigen Erscheinung zumeist aus dem 16. Jahrhundert. Der älteste von ihnen, der Borchorster Hof (erbaut ab 1521), dient heute als Pfarrzentrum, der herrliche Münsterhof aus dem Jahr 1550 beherbergt eine Zahnarztpraxis. An das einzige erhaltene Stadttor, das Schlosstor im Norden, schließt sich der Sendenhof an, vor dem auch eine Gedenktafel an die zerstörte Horstmarer Synagoge erinnert. Er wird ebenso wie der zweiflügelige Merveldter Hof und sein Wirtschaftsgebäude sowie der Valkenhof am westlichen Ortsausgang privat bewohnt. Wappen, die obligatorischen Informationstafeln und die imposante Erscheinung der Gebäude selbst erinnern uns nur zu gern an alte, längst vergangene Zeiten.

Borchorster Hof

Münsterhof

Von Eiskellern und Heimathäusern
Altenberge
Eiskeller

Auf dem gleichnamigen Höhenrücken gelegen, schrieb die kleine Gemeinde mitten im Münsterland ihre ganz eigene Geschichte. Es wird angenommen, dass sie zu den 38 durch den heiligen Liudger gegründeten Urpfarreien gehört, jedoch wurde der Name Altenberge erst 1181 urkundlich erwähnt. Der heutige Bau der Pfarrkirche St. Johannes Baptist stammt aus dem 14. Jahrhundert mit einem Kirchturm und Quergiebeln aus dem 19. Jahrhundert. Im Wappen der Gemeinde findet sich ein Baum: die 300 Jahre alte Krüsellinde am Alten Münsterweg in der Nähe des südöstlichen Ortsausgangs, eine uralte ehemalige Gerichtsstätte (überliefert schon zur Zeit Karls des Großen) und noch heute ein magischer Anziehungspunkt für Groß und Klein.

Ähnlich geschichtsträchtig und außergewöhnlich: der Eiskeller im Norden, im Berghang am Borndal. Seine Bauweise gilt als im ganzen deutschsprachigen Raum einzigartig. Die unterirdische Kelleranlage diente der 1860 gegründeten Brauerei Beuing zur Natureis-Kühlung ihres untergärigen Bieres. 1890 wurde der Eiskeller weiter ausgebaut und verfügte schließlich über vier Etagen.

9

Anreise Pkw/Parkplatz:
Parkplatz am Bürgerhaus, Gartenstiege, 48341 Altenberge (GPS 52° 2'48.81"N, 7°28'3.44"E)

Anreise mit ÖPNV:
Buslinien N5, R72, R73, T89, Haltestelle „Altenberge, Mitte"

www.altenberge.de, www.heimatverein-altenberge.de

Heute beherbergen die historischen Räumlichkeiten vor allem Fledermäuse und sind zu den Öffnungszeiten auch im Rahmen stündlicher Führungen für Besucher zugänglich.
Ein Bild längst vergangener Zeiten vermitteln auch das Heimathues „Kittken" (ehemaliges Gefängnis) und das umliegende historische Areal. Hier wird die überlieferte münsterländische Kultur gelebt und vermittelt. Geschichtsträchtige Gebäude aus der Umgebung wurden hierher „verpflanzt", also demontiert und vor Ort originalgetreu wieder aufgebaut: Remise, Scheune, Backhaus – all dies umgeben von traditionellen Gärten. Ein alter Kornspeicher („Spieker") dient als außergewöhnliches Trauzimmer, als Museum und als Veranstaltungsort, und in der historischen Holzschuhmacherwerkstatt finden Vorführungen zu dem alten Handwerk statt.

Gastronomie

Penz am Dom, Kirchstraße 13, 48341 Altenberge
(www.penz-am-dom.de)
Das Kleine Kartoffelhaus, Billerbecker Straße 4,
48341 Altenberge (www.kartoffelhaus-altenberge.de)

In der Nähe

Freilichtmuseum Sachsenhof in Greven-Pentrup

Die offen zugängliche Freiluft-Ausstellung basiert auf Ausgrabungen in Münster-Gittrup; Archäologen fanden dort Spuren urgeschichtlichen und mittelalterlichen Lebens. Auf der Basis der Funde wurde ein frühmittelalterlicher sächsischer Hofplatz nachgebaut, wie er im 6. bis 8. Jahrhundert n. Chr. vor Ort bestanden haben könnte. Inzwischen ist in Greven-Pentrup eine umfangreiche Anlage historischer Rekonstruktionen entstanden: Haupthaus, Scheune, Grubenhaus, Garten und Acker mit alten Kulturpflanzen, Rutenberg, Renn- und Töpferöfen lassen ihre Besucher die Vergangenheit mit allen Sinnen erleben. Infotafeln, ein Bildungs- und Informationszentrum sowie mehrfach jährlich stattfindende Veranstaltungen runden das Angebot ab.
www.sachsenhof-greven.de

Tipp

Ammenhaus

In dem kleinen Weberhaus in der Teichstraße 4 befindet sich heute eine logopädische Praxis. 1797 lebte hier Maria Katharina Plettendorf, als sie als Amme für ein zu früh geborenes Baby auf eine Burg beordert wurde. Bei dem viel zu kleinen, sehr schwachen Kind handelte es sich um die spätere Dichterin Annette von Droste-Hülshoff – dank der Zuwendung und Pflege ihrer Still- und Ziehmutter blieb sie am Leben und ihrer Amme zeitlebens verbunden.
www.kulturwerkstatt-altenberge.de

Integrativer Reitweg

Der 22 km lange erste integrative Reitweg Deutschlands führt über mehrere Stationen von Altenberge über Nordwalde nach Greven. Für Aufstiegsrampen, breite Wege mit Winterservice und Sicherheitsschleusen an Straßenkreuzungen ist gesorgt.
www.integrativer-reitweg.de

Museum

Eiskeller Altenberge

Von Mai bis Ende September werden an den Wochenenden und auf Anfrage öffentliche Führungen durch das unterirdische Baudenkmal angeboten. Der Ausstellungspavillon „Eisscholle“ kann während der Öffnungszeiten kostenlos besichtigt werden.
Gooiker Platz 1, 48341 Altenberge (www.eiskeller-altenberge.de)

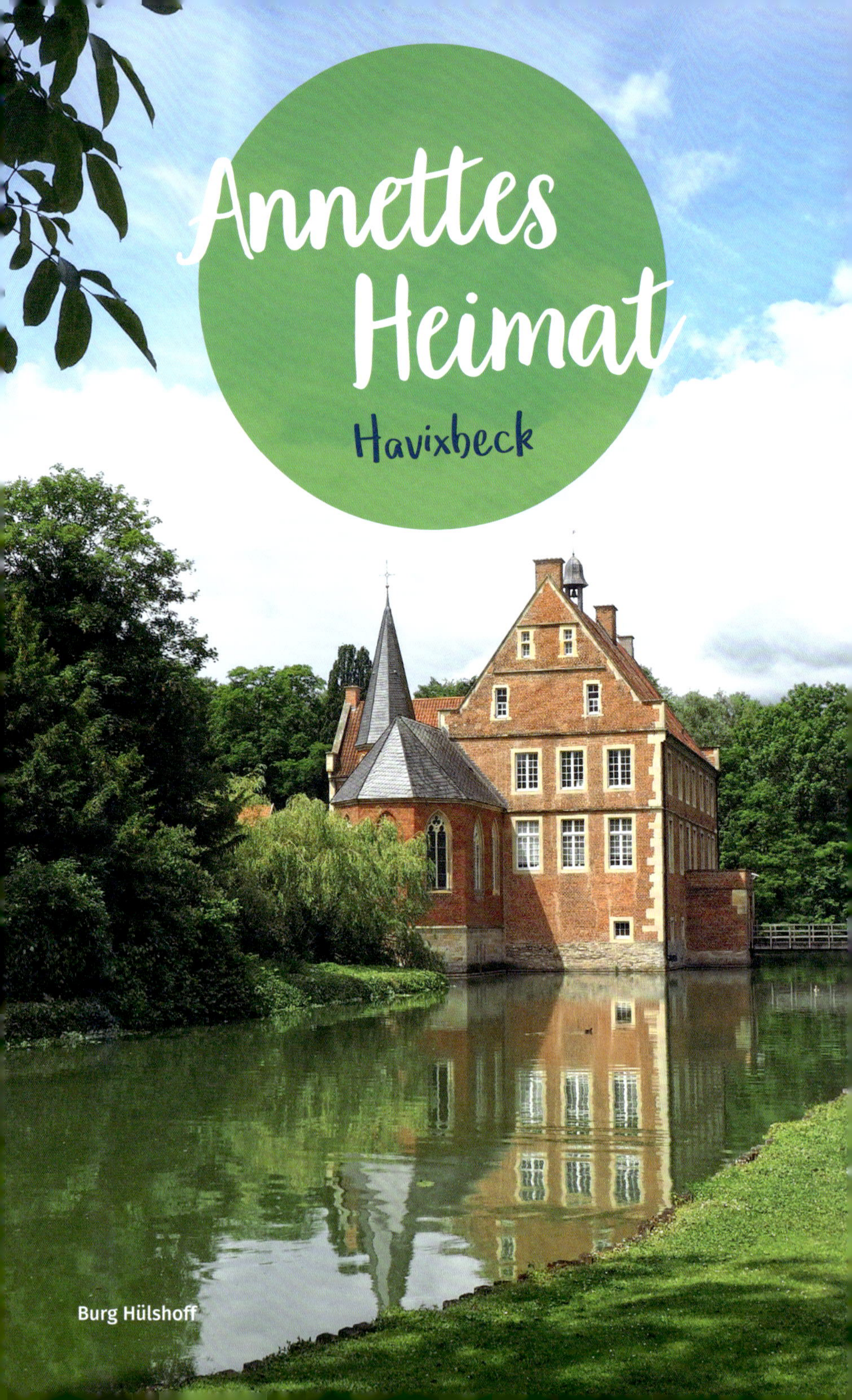

Burg Hülshoff

Idyllisch am Rande der Baumberge gelegen, geizt Havixbeck nicht mit den verschiedenartigsten Reizen, die sich weit verstreut über die Stadt und die zugehörigen Ortschaften verteilen: die hochgotische, dreijochige, aus Baumberger Sandstein erbaute Hallenkirche St. Dionysius und verschiedene Fachwerkhäuser im Ortskern (vor allem an der Bergstraße und der Hauptstraße), die namensgebende Schlossanlage Haus Havixbeck (in Privatbesitz) am Rande der historischen Innenstadt, Stift Tilbeck mit dem markanten Wasserturm im Süden und ein geheimnisvolles Mordkreuz. Und natürlich darf die wohl bekannteste Sehenswürdigkeit nicht vergessen werden: Burg Hülshoff im Osten, unweit von Münster gelegen, in der die berühmte Dichterin Annette von Droste-Hülshoff ihre Kindheit und Jugend verbrachte und die heute als Museum, Literaturzentrum und Wohlfühlort öffentlich zugänglich ist.

10

Anreise Pkw/Parkplatz:
Parkplatz an der Altenberger Straße, Altenberger Straße 26, 48329 Havixbeck (GPS 51°58‘41.34“N, 7°24‘46.96“E)

Anreise mit ÖPNV:
Buslinie B32, Haltestelle „Havixbeck, Marienstift“
Buslinien 563, 564, B31, N7, R64, Haltestelle „Havixbeck, Ortsmitte“

www.havixbeck.de

Die herrliche Wasserburg präsentiert sich als geschlossene Renaissanceanlage inmitten einer weitläufigen Parkanlage. Seit 1417 war sie Stammsitz der Freiherren Droste zu Hülshoff, die ursprünglich von Deckenbrock hießen; aus der Kombination des innerhalb der Linie vererbten Amtes am Hof des Fürstbischofs und des Wohnsitzes ergab sich der spätere Familienname. Ebenfalls im Stil der Renaissance präsentiert sich auch das Wasserschloss Haus Havixbeck (vom Tor aus gut sichtbar), während Haus Stapel, das zweimal jährlich für Konzerte die Türen für die Allgemeinheit öffnet, im klassizistischen Stil gehalten ist. Wesentlich neuer, aber immer noch auf das 19. Jahrhundert zurückzudatieren sind die neugotischen Gebäude des Marienstifts mitten in Havixbeck

Stift Tilbeck

Info

Die Teitekerlken

Die kleinen Erdgeister spielten für die Steinhauer in den Baumbergen eine große Rolle: Lief beim Abbau etwas schief oder wies ein Werkstück einen Riss auf, so hatte es garantiert etwas mit den Kobolden zu tun, die im Sandstein lebten und über die Kraft verfügten, ihn zu spalten. Besonders gerne ernährten sich die Teitekerlken (wörtlich übersetzt: Plage-/Quälkerlchen) von Schnaps!

Info

Annette von Droste-Hülshoff

Im Januar 1797 wurde Anna Elisabeth Franzisca Adolphina Wilhelmina Ludovica Freiin von Droste zu Hülshoff als Siebenmonatskind auf Burg Hülshoff geboren. Das kleine, schwache Baby überlebte nur dank seiner Amme und wurde zu einer der größten deutschen Dichterinnen – auch wenn dieser Ruhm sie erst posthum in den 1870er Jahren ereilte. Die ersten 29 Jahre ihres Lebens verbrachte sie weitgehend auf der zwischen Havixbeck und Roxel gelegenen Burg. Nach dem Tod ihres Vaters – als der Bruder den Herrensitz übernahm – zog sie mit ihrer Mutter in das nahegelegene Haus Rüschhaus. In beiden Wohnorten werden heute Ausstellungen geboten, die die Poetin in vielerlei Hinsicht würdigen. Besonders spannend: eine Fensterscheibe auf Burg Hülshoff, in die die junge Annette einen leicht abgewandelten Vers von Schiller einritzte. Dies war ein Autor, den zu lesen ihr der Vater verboten hatte. Der Dichterin nahezukommen und ihre Prägung und Denkweise zu verstehen, fällt hier in ihrer ursprünglichen Umgebung leicht und öffnet neue Perspektiven.

www.droste-gesellschaft.de, www.burg-huelshoff.de

und des Stifts Tilbeck mit Kapelle und Wasserturm. 1881 als private Heilanstalt für epileptische Kinder gegründet, gibt es dort heute ein breites Angebot für Jung und Alt, Menschen mit und ohne Behinderung. Tagesbesucher können auf dem 2,5 km langen Barfußgang vielfältige Sinneserfahrungen erleben sowie das inklusive Café oder das Antiquariat im eindrucksvollen Wasserturm besuchen.

Im dunklen Walde

Es ist die umgebende Landschaft, der Höhenzug der Baumberge, die nicht nur für den hellen, weichen, feinkörnigen Baustoff sorgt, aus dem die schönsten Bauwerke der Gegend bestehen, sondern auch für die Erzählungen aus alten Zeiten, die bis heute überliefert sind. Am südöstlichen Ende der bewaldeten Anhöhe, zwischen Tilbeck

Mordkreuz

und Schapdetten – dort, wo der Ludgerusweg beginnt – erzählt ein Kreuz die traurige Geschichte der Mersche von Tilbeck. Nachdem sie im Gasthaus mit dem Vermögen geprahlt hatte, das sich in ihrem Geldbeutel befand, wurde sie auf dem Heimweg durch die Landwehr überfallen und erschlagen. Statt der erwarteten Taler enthielt das Ledersäckchen jedoch lediglich Schusternägel. Wer Lust auf noch mehr Mystik hat, der sollte dem Pfad am Waldrand 200 m weit Richtung Westen folgen: Der in einem verwunschenen Talkessel liegende „Hexenpütt" – auch „Sieben Quellen" genannt – gilt als eines der schönsten Quellgebiete in der Umgebung.

Museum

Baumberger Sandsteinmuseum

Zahlreiche Bauwerke nicht nur in der näheren Umgebung sind aus dem „Marmor des Münsterlandes" erbaut, dem Sandstein, der in den im Dreieck Nottuln – Havixbeck – Billerbeck gelegenen Baumbergen abgebaut wird. Skulpturen und Steinmetzarbeiten, Modelle, Fotos, Arbeitsmaterialien, eine nachgebaute Werkstatt, einen kleinen, feinen Museumsladen und reichlich Infos gibt es während der Öffnungszeiten zum Nulltarif zu bestaunen. Von Mittwoch bis Sonntag sorgt nachmittags ein Kultur- und Museumscafé mit herrlichem Biergarten für das leibliche Wohl.

Gennerich 9, 48329 Havixbeck
(www.sandsteinmuseum.de)

Weiteres Museum:

Burg Hülshoff, Schonebeck 6,
48329 Havixbeck (www.burg-huelshoff.de)

Tipp

Baumberger Ludgerusweg

Geschichtlich Interessierte sowie Liebhaber schöner Orte und abwechslungsreicher Natur sind auf dem 30 km langen Wanderweg genau richtig! Hinzu kommen mehrere durch andersfarbige Wegzeichen gekennzeichnete Abstecher und Zugangswege. Die Hauptstrecke führt vom Mordkreuz bei Tilbeck durch die Baumberge über Billerbeck bis nach Coesfeld. Hier las der heilige Liudger 809 am Vorabend seines Todes eine Messe und verstarb am darauffolgenden Tag in Billerbeck an der Stelle, an der sich heute der Dom befindet. Die Spuren des „Apostels der Friesen und Sachsen" sind überall im Münsterland deutlich sichtbar – hier in den Baumbergen und auf den Stationen des Wanderweges jedoch im besonderen Maße.
www.baumberge-touristik.de

Gastronomie

Gasthof & Hotel Kemper, Altenberger Straße 14, 48329 Havixbeck (www.hotelkemper.de)
Café-Restaurant DROSTE 1797, Schonebeck 6, 48329 Havixbeck (www.burg-huelshoff.de)
Café arte im Sandsteinmuseum, Gennerich 9, 48329 Havixbeck (www.sandsteinmuseum.de)

Der majestätische Ludgerusdom

Weithin sichtbar überragen die beiden Türme des Doms die Stadt Billerbeck – und erinnern dabei an ein Ereignis vor 1.200 Jahren. Denn genau dort, wo der Dom erbaut wurde, verstarb im Jahr 809 der heilige Liudger, nachdem er zuvor noch oberhalb des Klosters Gerleve eine Rast eingelegt und am Vorabend in Coesfeld eine Messe gelesen hatte. Der Südturm des Doms steht bis heute als Sterbensort im Zentrum der Ludgerusverehrung und Wallfahrt. Das gewaltige, neugotische Bauwerk mit den 100 m hohen Zwillingstürmen im Westen entstand 1892/98 an der Stelle eines romanischen Vorgängerbaus und einer barocken Sterbekapelle.

11

Anreise Pkw/Parkplatz:
Parkplatz am Rathaus Billerbeck, Wallgarten (Ecke Rathausstraße), 48727 Billerbeck (GPS 51°58‘37.27“N, 7°17‘33.07“E)

Anreise mit ÖPNV:
Buslinien 563, 565, 567, 587, 589, 686, 687, 688, 689, T67, Haltestelle „Billerbeck, Busbahnhof“

www.billerbeck.de

Ludgerusbrunnen

600 m weiter nördlich befindet sich ein sehr idyllischer Ort, der ebenfalls mit der Geschichte des Missionars verbunden ist: der Ludgerusbrunnen – heute in Form einer barocken Kapelle aus dem Jahr 1702 und einer Brunnenanlage aus dem 20. Jahrhundert. Es ist überliefert, dass der Missionar hier getauft haben soll. Auch zum Ursprung gibt es eine wunderbare Legende: Ein Bauer klagte Liudger sein Leid, weil sein Brunnen versiegt war. Dieser nahm zwei Gänse und warf sie hinein. Die Tiere verschwanden in der Tiefe, scharrten sich durch den Boden und

Info

Der heilige Liudger

Der friesische Missionar wurde um 742 geboren (im gleichen Jahr wie Karl der Große, dem er auch einmal begegnete) und widmete sein Leben der Christianisierung, pilgerte durch das Land und gründete um die 40 Pfarreien, vor allem im Münsterland. 805 wurde er zum ersten Bischof von Münster geweiht. Nachdem er – bereits durch Krankheit gezeichnet – am Vorabend in Coesfeld eine Messe gelesen und auf dem Weg nach Billerbeck an der Ludgerirast (oberhalb des Klosters Gerleve) eine Pause eingelegt hatte, verstarb er am 26. März 809 an der Stelle, an der sich heute der Billerbecker Dom befindet. Er wurde nach Werden (heute Stadtteil von Essen) überführt. Seine Gebeine ruhen dort in einem Sarg, der sich in der Krypta der Abteikirche (der heutigen Ludgerus-Basilika) befindet. Bis heute wird er vielerorts als Heiliger verehrt. In diesem Zusammenhang gilt auch das Wasser des Ludgerusbrunnens, an dem er getauft haben soll, als besonders kraftvoll.

Museum

Kolvenburg

Das denkmalgeschützte Gebäude – einst Wohnsitz niederen Adels – dient als Museum, Kulturzentrum, Trau- und Veranstaltungsort. Dabei sind auch die Räumlichkeiten an sich einen Besuch wert. Öffentliche Führungen, Workshops und Rallyes werden angeboten.
An der Kolvenburg 3, 48727 Billerbeck
(www.kolvenburg.de)

tauchten an einer anderen Stelle wieder auf, wo sofort eine muntere Quelle zu sprudeln begann. Seitdem fließt hier das Wasser, und der Ludgerusbrunnen war geboren.

Johannikirchplatz und Innenstadt

Gleich neben dem Dom strahlt das Rathaus in historischem Glanz – erbaut aus Baumberger Sandstein. Tatsächlich musste ein altes Rathaus aus dem Jahr 1697 dem großen Kirchenbau weichen; der aktuelle Bau mit neugotischer Fassade und dem Stadtwappen im Giebel stammt aus dem Jahr 1891. Zuvor hatte die Stadt viel erlebt: 1302 erhielt sie die Stadtrechte, 1548 setzten die Täufer sie in Brand, und 1589 wurde sie von 500 holländischen Reitern überfallen. Die ältesten noch vorhandenen Wohnhäuser lassen sich in der Münsterstraße und rund um die Pfarrkirche St. Johann bewundern. Die Kirche selbst geht auf das 8. Jahrhundert zu-

Rathaus aus dem Jahr 1891

Idyllisch: der Johannikirchplatz

Tipp

Freilichtbühne

Mit großem Engagement werden jährlich zwei Sommerstücke (Familientheater und Abendstück für Erwachsene), ein Winter-Familienstück und ein Winter-Studiostück auf die Bühne gebracht. Die Naturbühne aus dem Jahr 1950 bietet dabei Platz für 804 Zuschauer. Seit 2008 werden auch im Winter auf der Studiobühne im Vereinsheim und in der Stadtaula Stücke aufgeführt.

Weihgarten 17, 48727 Billerbeck (www.freilichtbuehne-billerbeck.de)

In der Nähe

Benediktinerabtei Gerleve

Schon von Weitem bietet die Benediktinerabtei einen sehr eindrucksvollen, erhebenden Anblick. Sie ist für Besucher offen und hat einige Trümpfe: die mächtige, neoromanische Basilika, die Außenanlagen mit Gästepark und Kinderspielplatz sowie die Klostergaststätte, ein Gästehaus, eine Jugendbildungsstätte und eine Kunst- und Buchhandlung.
Gerleve 1, 48727 Billerbeck
(www.abtei-gerleve.de)

rück und gehört vermutlich zu den Urpfarrkirchen. Der aktuelle, vierte Bau stammt aus der Zeit ab 1234, wobei der Turm aus dem 12. Jahrhundert beibehalten wurde. Er ist umgeben vom ehemaligen Archidiakonat sowie weiteren historischen Gebäuden und Speicherhäuschen, von denen das älteste im Kern bis 1492 zurückdatiert. Ein ganz besonders idyllischer Ort und eine wahre Augenweide!
Einen genussvollen Anblick bietet auch Haus Beckebans aus dem Jahr 1550 (Kunsthaus Ruchniewitz, Münsterstraße 6), das als ältester Profanbau Billerbecks gilt. Dabei besitzt es sowohl Merkmale eines städtischen Adelshofs als auch eines reichen Bürgerhauses. Interessant sind die Renaissancefassade und die wechselnden Back- und Sandsteinschichten.

Gastronomie

Trattoria Cox Orange, Johannikirchplatz 12, 48727 Billerbeck (www.cox-orange-billerbeck.de)
Das kleine Café, Johannikirchplatz 19, 48727 Billerbeck (www.daskleinecafe.de)

Die Brücken am Stift
Nottuln
Historische Herrlichkeit
am Stiftsplatz

Nottuln überrascht seine Besucher mit einer einzigartigen historischen Innenstadt von außergewöhnlicher Intensität. Am Rande des Stiftsplatzes fließt der Nonnenbach in Stein gefasst über mehrere Kaskaden und trennt die alten Stiftsgebäude von der Weite des Platzes vor der Stiftskirche. Nur über Brücken werden die einzelnen Häuser erreicht – die Geländer im Sommer bunt verziert mit reichem Blumenschmuck. Verantwortlich für diese Schönheit ist Johann Conrad Schlaun, der auch das fürstbischöfliche Schloss in Münster und Schloss Nordkirchen erbaute. Nachdem ein Brand 1748 große Teile des Ortskerns verwüstet hatte, sorgte er für den Wiederaufbau und schuf so das heutige barocke Antlitz der Altstadt. Ein Denkmal von Rudolf Breilmann vor der Aschebergschen Kurie erinnert an den großen Barockbaumeister.

12

Anreise Pkw/Parkplatz:
Parkplatz an der Alten Amtmannei, Joseph-Moehlen-Platz, 48301 Nottuln (GPS 51°55'46.69"N, 7°21'16.22"E)

Anreise mit ÖPNV:
Buslinien N8, B31, B32, Haltestelle „Nottuln, Rathaus"

www.nottuln.de

Ein Spaziergang durch die Altstadt macht Freude. Am Stiftsplatz und am Kirchplatz begeistern im Wechsel Fachwerk-, Sandstein- und Backsteinbauten, allesamt liebevoll gepflegt und in Szene gesetzt. Im Süden des Stiftsplatzes spiegeln sich die historischen Gebäude im Wasser. Spätestens seit dem 11. Jahrhundert ist hier ein Damenstift überliefert, die Pfarrei gehört vermutlich zu den Urpfarreien der karolingischen Missionen. Die ehemalige Stiftskirche St. Martinus dient heute als Pfarrkirche und zählt zu bedeutendsten und schönsten spätgotischen Hallenkirchen Westfalens. Die Kombination mit der barocken Turmhaube aus dem Jahr 1754 – ebenfalls eine Folge des großen Stadtbrandes und ursprünglich nur als Provisorium geplant – gibt ihr ein außergewöhnliches Aussehen, das schon von Weitem Aufmerksamkeit erregt und Neugier weckt.

Auch der Ortsteil Schapdetten verfügt dank seiner Kirche St. Bonifatius über eine einzigartige Silhouette. Diese Kirche wurde um 1030 geweiht, geht aber vermutlich schon auf das Jahr 745 zurück, als der „Hof Detten" der Benediktinerabtei Fulda gehörte und eine Eigenkirche erhielt. Der heilige Bonifatius soll auf seinen Missionsreisen hier Zuflucht gesucht und gefunden haben. Teile des heutigen, zu weiten Teilen spätgotischen Gebäudes stammen noch aus dem 12. Jahrhundert.

Ein ganz besonderes Kleinod ist jedoch die Daruper Waldkapelle. Der Weg hinauf führt von Darup über einen Hohlweg durch den

Ehemalige Stiftskirche St. Martinus

Kirchplatz

Wald – es handelt sich um den letzten noch erhaltenen Teil des Alten Postwegs von Coesfeld nach Münster aus dem 17. Jahrhundert! Der Anstieg vermittelt Besuchern das Gefühl einer Wallfahrt. Und tatsächlich wurde die kleine Kapelle 1754 um ein lebensgroßes Barockkreuz aus Sandstein errichtet, das sich bereits seit 1718 dort befand und als wundertätiges Kreuz zum Ziel zahlreicher Wallfahrer

Tipp

Älteste Blaudruckerei Nordrhein-Westfalens

Am Kirchplatz in Nottuln befindet sich die älteste Blaudruckerei Nordrhein-Westfalens. Die Technik des Blaudruckens stammt aus Indien und fand im 17. Jahrhundert über die Niederlande ihren Weg nach Deutschland. In Nottuln wird diese Handwerkskunst noch aktiv ausgeübt – mit den alten Motiven und Mustern, und bei Weitem nicht nur unter Verwendung des ursprünglichen Indigoblau. Im Laden gibt es eine bunte Vielfalt handgefertigter Textilien – auch individuelle Anfertigungen und Führungen (bis hin zum Tagesprogramm inklusive Verpflegung in der familieneigenen, traditionellen Stiftsschänke Bläu) sind möglich. Dirk Kentrup führt die Manufaktur in der 7. Generation – gegründet wurde sie 1833.
Kirchplatz 8, 48301 Nottuln (www.kentrup.eu)

und Prozessionen wurde. Ein Besuch lohnt sich in jeder Hinsicht. Auf der Lichtung herrscht eine einmalige Atmosphäre, und der Weg dorthin ist nicht nur geschichtlich relevant und landschaftlich schön, sondern die Baumstümpfe am Hang wurden auch von Künstlern mit Kettensägen als mystische Holzfiguren umgestaltet, die die Wanderer anzuschauen scheinen.

Longinusturm

Auf der Höhe des Westerberges, der mit 188,7 m den höchsten Punkt der Baumberge darstellt, wurde 1897 ein Kalksandsteinturm errichtet, der seine eigene Geschichte schrieb. Zunächst als Aussichtsturm gedacht, wurde er zum Ende des Zweiten Weltkrieges für militärische Zwecke genutzt. In der Nachkriegszeit erfolgte der Umbau zu Fernmeldezwecken. Im Februar 1952 erregte der Turm durch ein großes Ereignis Aufsehen: Dem Radiomechaniker Reinhold Holtstiege gelang es hier erstmalig in Westdeutschland, öffentlich Fernsehbilder zu empfangen. Sie stammten vom niederländischen Sender Lopik. Heute bietet der Turm in Kombination mit einem Café wieder eine schöne Aussicht – weit über das Münsterland und bei guter Sicht bis zum Rothaargebirge im Süden, in die Niederlande im Westen und nördlich bis nach Lingen.

Longinusturm

Gastronomie

Alte Amtmannei, Joseph-Moehlen-Platz 1, 48301 Nottuln (www.alte-amtmannei-nottuln.de)

In der Nähe

Wildpferde im Merfelder Bruch

Dass Wildpferde im Merfelder Bruch leben, ist schon seit dem Jahr 1316 schriftlich überliefert. Als Mitte des 19. Jahrhunderts brachliegende Flächen mehr und mehr besiedelt und die letzten herrenlosen Gebiete Eigentümer erhielten, ging es mit den Wildpferden in ganz Deutschland zu Ende. Herzog von Croy, dem Teile des Merfelder Bruchs zugesprochen wurden, überließ dort dem verbliebenen Restbestand von 20 Wildpferden ihren natürlichen Lebensraum als Reservat. Die Herde entwickelte sich prächtig. Mittlerweile leben knapp 400 Stuten und ihre Fohlen auf einem Gebiet von 360 Hektar – auf sich selbst gestellt und fast ohne Eingreifen des Menschen. Einmal im Jahr sorgt ein Hengst einige Wochen lang für Nachwuchs. Um Revierkämpfe der pubertierenden Junghengste zu vermeiden, werden seit 1907 jährlich, am letzten Samstag im Mai, alle männlichen Einjährigen aus der Herde herausgefangen und öffentlich versteigert. Mittlerweile handelt es sich um etwa 25 bis 30 Jährlinge pro Jahr, von denen die ersten fünf unter den anwesenden Besuchern verlost werden. Die 1923 erbaute Naturarena bietet 12.000 schaulustigen Pferdefreunden Jahr für Jahr die Möglichkeit, die faszinierende Herde und den Fang der Jungtiere aus der Nähe zu betrachten – Rahmenprogramm, Verlosung und Versteigerung inklusive. Die Tickets sind sehr schnell ausverkauft – doch können Tagesgäste der Wildpferdebahn sowohl den Einlauf der Herde in die Arena bewundern als auch an der Verlosung teilnehmen. Von April bis November gibt es zudem die Möglichkeit, die Wildpferdebahn am Wochenende zu besuchen oder eine Gruppenführung zu buchen. Ob draußen in der Natur oder in der Arena – diese wilden, freien Pferde hinterlassen einen tiefen, überwältigenden Eindruck bei ihren Besuchern und lassen garantiert niemanden unberührt.

Zur Wildpferdebahn,
48249 Dülmen (www.wildpferde.de)

Bischöfliches „Feld an einem Kuhbach“

Coesfeld

Umflut am Walkenbrückentor

Die Stadtgründung Coesfelds ist eng mit dem Leben des ersten Bischofs von Münster, Liudger, verbunden. So soll er am Abend vor seinem Tode, dem 26. März 809, in einem Ort namens Coasfelt gepredigt haben. Dieser Name stammt vermutlich aus dem Altsächsischen und bedeutet etwa „Feld an einem Kuhbach". Jener Kuhbach, die Berkel, entspringt bei Billerbeck in den Baumbergen und wird am Walkenbrückentor gestaut, um als Umflut ringförmig außerhalb der ehemaligen Stadtbefestigung vorbei geführt zu werden. Sie durchfließt jedoch auch Stadt und Schlosspark und sorgt so für ein durch Brücken und Promenaden geprägtes Ambiente und für sommerlichen Wasserspaß.

13

Anreise Pkw/Parkplatz:

Parkplatz Hohe Lucht, Hohe Lucht, 48653 Coesfeld (GPS 51°56'47.75"N, 7° 9'59.52"E)
Marktgarage Coesfeld, Bernhard-von-Galen-Straße 11, 48653 Coesfeld (GPS 51°56'42.15"N, 7°10'3.03"E)

Anreise mit ÖPNV:

Buslinien 561, 581, 582, 587, 677, 711, B51, N6, N7, N8, N17, N20, R62, R81, SV30, Haltestelle „Coesfeld, Lambertikirche"

www.coesfeld.de

Walkenbrückentor

Bereits im Jahr 1197 erhielt das Dorf die Stadtrechte. Unmittelbar im Anschluss daran wurde mit dem Bau der Jakobikirche und dem Bau einer Stadtbefestigung aus Wällen und Gräben begonnen. Eine Stadtmauer folgte um 1303. Das heute noch erhaltene Walkenbrückentor wurde 1339 erstmals erwähnt. Nur wenige Meter weiter südlich weiß auch der dicke, Anfang des 17. Jahrhunderts errichtete Pulverturm als stummer Zeitzeuge so manche Geschichte zu erzählen. Unter den Gefangenen, die dort eingesperrt wurden, war auch die aus dem Kloster verstoßene Nonne Gertrud Niebers, die als eine der ersten Frauen in Coesfeld Opfer der Hexenverfolgung wurde. Am 16. Juli 1631 wurde sie nach vielfacher Folter geköpft und ihre Leiche verbrannt.

Altstadt und historische Bauten

Religion in allen ihren Ausprägungen hat Coesfelds Altstadt bis heute sichtbar geprägt. Gleich neben der „Urkirche" St. Lamberti, die ein als wundertätiges Kreuz bekanntes Gabelkruzifix aus dem 14. Jahr-

Info

Klosterfrau Melissengeist

Maria Clementine Martin war erst 17 Jahre alt, als sie 1792 in das Annuntiatenkloster St. Anna in Coesfeld eintrat, das 1803 unter Napoleon aufgelöst wurde. Ihr weiteres Leben widmete sie der Versorgung von Kranken und Verwundeten. Nach ihrem Umzug nach Köln 1825 widmete sie sich der Herstellung eines Melissengeistes und firmierte unter „Maria Clementine Martin, Klosterfrau". Sie gilt als Erfinderin des bekannten pflanzlichen Heilmittels.

Info

Ladbergener Städtebund/Hanse

Bereits 1246, nur wenige Jahre nach der Erteilung der Stadtrechte, wurde Coesfeld neben Münster, Osnabrück, Minden und Herford Mitglied im Ladbergener Städtebund, dem ersten mittelalterlichen Städtebund in der Region. Die Schiffbarkeit der Berkel bis Zutphen (NL), überregionale Verträge mit anderen Städten und der Anschluss an verschiedene Haupthandelswege sowie der Handel mit Tuch, Molkereiprodukten, Ochsen, Schweinen, Baumberger Sandstein und weiteren Gütern führten zu einer Vorreiterrolle der Stadt innerhalb des westlichen Münsterlandes.

www.westfaelische-hanse.de

Schlosspark

hundert beherbergt und deren heutiger Bau noch Elemente aus dem 13. Jahrhundert enthält, befinden sich die evangelische Kirche und das ehemalige Jesuitenkolleg. Sie wurden ab 1664 als ineinander übergehende Elemente einer Jesuitenniederlassung erbaut. Ab 1803 folgte die Nutzung als gräfliches und fürstliches Schloss. Nach der Zerstörung im Zweiten Weltkrieg wurde das Stadtschloss liebevoll wieder aufgebaut und mit einer Tordurchfahrt versehen. Es beherbergt heute Teile der Stadtverwaltung.
Aufgrund der Lage am Wasser zierten in der Vergangenheit zahlreiche Wassermühlen das Stadtbild Coesfelds. Bereits im 12. Jahrhundert wurde eine Grymoldings-Mühle als Lehen des Bischofs von Münster urkundlich erwähnt. Dabei könnte es sich um die heutige Bischofsmühle am Honigsbach östlich der Altstadt handeln, die auch heute noch einen wahren Augenschmaus darstellt und zudem als Kleinwasserkraftwerk die Nachbarschaft zuverlässig mit Energie versorgt.

Museum

Stadtmuseum „DAS TOR“ Coesfeld

Im historischen Walkenbrückentor finden neben einer Dauerausstellung zu 1.200 Jahren Stadtgeschichte, Handel, Hanse, jüdischem Leben in Coesfeld und Regionalgeschichte auch Wanderausstellungen Platz.

Mühlenplatz 3, 48653 Coesfeld
(www.stadtmuseum.coesfeld.de)

Weitere Museen:
Ehemalige Synagoge, Puppen- und Spielzeugmusem, Mühlenmuseum in der Bischofsmühle u. a. (www.stadtmuseum.coesfeld.de)

Tipp

Hofladen Loburg

Der Adelssitz Haus Loburg hat seinen Ursprung vermutlich bereits zur Zeit Karls des Großen. Das Herrenhaus wurde 1560 erbaut und dient seit 1912 der Fürstenfamilie zu Salm-Salm (seinerzeit dem Zweitgeborenen) als Wohnsitz und zur landwirtschaftlichen Nutzung. Nach der Zerstörung im Zweiten Weltkrieg wurde das Torhaus im Stil der Renaissance wieder aufgebaut. „Die Loburg" liegt an der 100-Schlösser-Route und hält seit 2022 im Hofladen „Köstlichkeiten und Kultur" hochwertige Lebensmittel aus dem eigenen biologischen Betrieb und der eigenen Jagd sowie ausgewählte regionale Produkte bereit – gerne auch kombiniert mit einer Tasse Kaffee. Zudem bietet die Kapelle des Herrenhauses einen stilvollen Rahmen für Hochzeiten und Taufen. Am dritten Adventssonntag öffnen sich die Tore zum Adventsmarkt „Loburger Vielerlei".
Sirksfeld 1, 48653 Coesfeld
(www.hofladen-loburg.de)

Gastronomie

Hotel-Restaurant Haselhoff, Ritterstraße 1-3, 48653 Coesfeld
(www.hotelhaselhoff.de)
Hotel Restaurant Burghof, Große Viehstraße 35, 48653 Coesfeld
(www.burghof-coesfeld.chanys.site)
Haus Frieling, Rekener Straße 38, 48653 Coesfeld
(www.haus-frieling.de)

In der Nähe

Lette

Der Coesfelder Ortsteil Lette hat gleich mehrere Sehenswürdigkeiten zu bieten. Bereits vor den Toren thront das Wahrzeichen des Ortsteils, eine Achtkant-Kappenwindmühle aus dem Jahr 1812/13. Einen besonderen Augenschmaus verspricht der Besuch des Glasmuseums im malerischen Ambiente des alten Hofs Herding, der sich gut mit Gaumenfreuden im benachbarten Bauerncafé Höltingshof verbinden lässt. Ein Eisenbahnmuseum im alten Bahnhof sowie das Heimatmuseum liefern bunte Eindrücke aus alten Zeiten.
www.lette.de,
www.heimatverein-lette.de

Glockenstadt Gescher

„… steht die Form, aus Lehm gebrannt …“ Seit 1690 fertigt die Traditionsgießerei Petit & Gebr. Edelbrock in Gescher Kirchenglocken her – und ist damit inzwischen die einzige noch bestehende Glockengießerei Nordrhein-Westfalens. Die Liste ihrer Werkstücke ist nahezu unendlich lang. Während der öffentlichen Besuchszeiten können Besucher Einblicke in das uralte Handwerk erlangen. Die große Vielfalt der Glocken lässt sich auch wunderbar und interaktiv im Westfälischen Glockenmuseum erkunden. Hier gibt es nicht nur Exponate aus der Zeit ab dem 12. Jahrhundert, sondern auch die Möglichkeit, den unverwechselbaren Klang eindrücklich mithilfe einer mit Wasser gefüllten Glocke mit allen Sinnen zu erleben: Durch das Wasser wird der Ton auch sichtbar gemacht und fühlbar auf den Körper übertragen.
www.museen-gescher.de, www.petit-edelbrock-gescher.de

Bischofsmühle

Moderne und Historie im Einklang

Bocholt

Lavarenne-Skulptur Defi am Neutorpla

Den Menschen im ländlichen Umland ist Bocholt als große, quirlige Einkaufsstadt bekannt, für den Aasee (ja, auch hier gibt es einen See dieses Namens), ihr großes Spaßbad mit Saunalandschaft und für ihre Auszeichnung mit dem Europapreis als europäische Stadt, mitbedingt durch ihre Lage direkt an der niederländischen Grenze. Welche historischen Schönheiten sie birgt, erfährt, wer in ihr tiefstes Inneres vordringt: in den Kern der Altstadt mit Markt und Pfarrkirche. Begleitet von modernen Elementen wie dem Europabrunnen auf dem Marktplatz und der Lichtstele am Europaplatz überraschen das wuchtige, reich verzierte Rathaus im Stil der niederländischen Renaissance und die dreischiffige spätgotische Hallenkirche St. Georg aus dem 15. Jahrhundert. Beim Wiederaufbau nach dem Zweiten Weltkrieg, in dem Bocholt zu über 80 Prozent zerstört wurde, erhielt der Turm einen modernen Kupferhelm.

14

Anreise Pkw/Parkplatz:
Parkplatz Berliner Platz, Meckenemstraße 12, 46395 Bocholt (GPS 51°50'12.48"N, 6°36'37.60"E)

Anreise mit ÖPNV:
Buslinien 61, 64, 95, 731, 752, BHL, C1-6, C11, N51, R51, S75, X80, Haltestelle „Bocholt, Bustreff/ZOH"

www.bocholt.de

Europabrunnen auf dem Markt

Seit der ersten urkundlichen Erwähnung als „Bohholz“ im Jahre 779 im Zusammenhang mit den Sachsenkriegen und Gründung einer Urpfarre um 800 ist viel passiert. Ihrem Namen entsprechend trägt die Stadt die Buche im Wappen. 1222 erhielt sie die Stadtrechte, und die Baumwollweberei ist ab 1550 nachgewiesen. Steinerne Zeugen einer blühenden Textilindustrie prägen bis heute das Stadtbild: Gleich neben den Arkaden am Ufer der Aa erinnern ein 32 m hoher Mauerwerksschornstein aus dem Jahr 1857 und die historische Dampfmaschine „Fuckepott“ an das Zeitalter der Industrialisierung. An jeder Ecke finden sich Kunst, Gedenktafeln, Stelen, und auch der Obelisk am Berliner Platz, eine Nachbildung des Berliner Exemplars, sorgt für Abwechslung im Stadtbild.

Museum

LWL-Museum Textilwerk Bocholt

In zwei separaten Gebäuden, der Weberei und der Spinnerei, wird viel geboten: historische und moderne Technik, Mode- und Designgeschichte, ein geschichtliches Wohnhaus mit Arbeitergarten, originale Webstühle und tägliche Schauproduktionen. Ein kurzer Fußweg mit Brücke über die Aa verbindet die beiden Gebäude.

Uhlandstraße 50 (Weberei und Parkplatz),
Industriestraße 5 (Spinnerei und Postadresse),
46397 Bocholt (www.textilwerk.lwl.org.de)

Weitere Museen:

Kunsthaus, Osterstraße 69, 46397 Bocholt
(www.euregio-kunsthaus-bocholt.de)
Handwerksmuseum, Köcherstr. 4, 46395 Bocholt
(www.bocholter-handwerksmuseum.de)

In der Nähe

Wasserburg Anholt

Wer immer schon den Saal sehen wollte, in dem Aschenputtels Ball stattfand, der ist auf der Wasserburg Anholt genau richtig. Im Umfeld der um 1700 im Stil einer repräsentativen Barockresidenz umgestalteten Wasserburg drehte der WDR 2011 seinen Märchenfilm. Die Ballszene fand im imposanten Rittersaal mit 17 m langen Holzdielen und reichem Wand- und Deckenschmuck statt. Mehrmals täglich werden öffentliche Hausführungen angeboten, bei denen nicht nur der genannte Saal, sondern eine Vielzahl von Sälen und Salons, die Bibliothek, die fürstliche Kunstsammlung (die auch einen Rembrandt enthält), der „Dicke Turm" aus dem 12. Jahrhundert und die Hofküche besichtigt werden können. Der Park ist gegen Gebühr öffentlich zugänglich. Er kombiniert verschiedene Elemente eines Landschaftsparks mit barocken Komponenten wie einem Irrgarten, einem Wassergarten mit Skulpturen und Rosenbeeten und einem Busquett mit historischen Blumenbeeten.
www.wasserburg-anholt.de

Gastronomie

Café Sahne, Casinowall 1, 46399 Bocholt (www.cafe-sahne-bocholt.de)

Von Türmen und nächtlichen Schandtaten

Borken

Diebesturm

Der Dreißigjährige Krieg hatte seinen Fenstersturz – Borken aber erlebte einen Rathaussturz! Was Ende Juli 1910 unmittelbar neben der katholischen Kirche St. Remigius geschah, liegt bis heute teilweise im Dunklen. Es hatte jedoch sehr große Auswirkungen auf das heutige Gesicht der Kreisstadt. Diese präsentiert sich kinderfreundlich und barrierefrei, mit Wasserspielen, alten Bäumen und reichlich Gelegenheiten zum Sitzen, Spielen, Entspannen und Verweilen auf dem Markt. Dieser Bereich entstand erst nach der völligen Zerstörung im Zweiten Weltkrieg, als beim Wiederaufbau völlig neue Grundstücksgrößen und Plätze geplant wurden – dennoch handelt es sich um die Keimzelle der Stadt, da sich hier im 8. Jahrhundert eine sächsische Hofanlage befand, die gemeinsam mit einer karolingischen Missionskapelle an der Stelle der Remigiuskirche als Ursprung Borkens anzusehen ist.

15

Anreise Pkw/Parkplatz:
Parkplatz am Kuhmturm, Am Papendiek/Remigiusstraße 20, 46325 Borken (GPS 51°50'37.99"N, 6°51'40.21"E)

Anreise mit ÖPNV:
Buslinien 853, B8, B9, Haltestelle „Markt – Borken (Westf)"

www.borken-nrw.de

Was heute als Altes Rathaus bezeichnet wird, entstand erst 1953. Heute beherbergt es das Forum Altes Rathaus Borken (FARB) und dient damit zugleich als Touristeninformation und Museum. Die Stadtverwaltung residiert mittlerweile außerhalb der Altstadt in einem ebenfalls historischen Gebäude, der ehemaligen Kreisverwaltung. Das ursprüngliche, historische Rathaus gleich neben der Kirche stammte aus der Zeit um 1500. Um 1910 war es baufällig und stand im Mittelpunkt jahrelanger Diskussionen, ob sich eine Wiederherstellung lohnte oder nicht, da das Gebäude auch den Blick auf das Gotteshaus verstellte. Nachdem bereits der Beschluss zur Renovierung gefasst war, nahmen bis heute unbekannte Borkener Bürger die Sache in die Hand: Mithilfe von Winden und Hebebäumen brachten sie den alten Bau zum Einsturz, mitten in der Nacht, und schufen vollendete Tatsachen. Überhaupt bewiesen die Borkener immer wieder ihren eigenen Kopf. So nutzten sie noch ihre Marktpumpen und Hausbrunnen, obwohl das Wasserwerk bereits ab 1904 Leitungswasser lieferte. Daraufhin veranlasste der damalige Bürgermeister eine Stilllegung der Pumpen, was Tumulte auslöste, die heute noch „Borkener Wasserkrieg“ genannt werden.

Propsteikirche St. Remigius

Kornmarkt

Tipp

Rundgänge, Touren und Kinder-Stadtrallye

Die Faltblätter „Ein Rundgang durch das historische Borken" und „Ein Spaziergang durch das historische Gemen" enthalten sowohl Übersichtspläne als auch ausführliche Informationen zur Geschichte. An Ort und Stelle geben „Durchblicke" (gläserne Informationstafeln) zusätzlich Auskunft. Für Radfahrer empfiehlt sich die Lauschtour „Bocholter Aa", die viele Sehenswürdigkeiten der Region miteinander verbindet.

Besonders schön: Für Familien und Kindergruppen hält die Touristeninformation eine kostenlose Kinder-Stadtrallye bereit, die zu verschiedenen Punkten im Stadtgebiet führt, an denen auch Geheimkapseln versteckt sind. Lösen die Kinder das Rätsel, wartet in der Touristeninformation im Forum Altes Rathaus ein Preis auf sie.

www.farb.borken.de

Kuhmturm

Stadt der Türme

Spätestens 1226 erhielt Borken die Stadtrechte, was zu einem Ausbau der Stadtbefestigung führte. Finanziert werden konnte die eindrucksvolle Wehrhaftigkeit durch die Biersteuer – Einkünfte, die der Fürstbischof der Stadt zugesprochen hatte. Seine Dankbarkeit kam nicht von ungefähr: Während der Geldrischen Fehde (1322/26) hatte die Bürgerwehr unter Bürgermeister de Wynen die Truppen des Grafen von Geldern besiegt. Vier ehemalige Stadttore sind bereits für die Mitte des 14. Jahrhundert belegt, ebenso acht Türme, von denen fünf heute noch stehen – die wohl herausragendsten steinernen Zeugen der städtischen Vergangenheit. Die Stadtmauer besaß eine Höhe von 8 bis 9 m, eine Stärke von 1,50 m und zahlreiche verstärkende Strebepfeiler. Sie galt als eine der stärksten Festungen des Münsterlandes. Der Diebesturm, in der Vergangenheit auch als Arrestraum genutzt, enthält heute ein Trauzimmer und vermittelt ein deutliches Bild alter Stärke. Seine Wände sind bis zu 2,20 m dick.

Wedemhoveturm

Gemen

Der heutige Stadtteil Gemen war lange Zeit unabhängig und erzählt mit zahlreichen historischen Gebäuden seine eigenen Geschichten. Besonders beachtenswert und als Jugendbildungsstätte des Bistums Münster weithin bekannt ist die Jugendburg Gemen, ein Wasserschloss, das als Haupthof bereits 962 urkundlich erwähnt wurde. Das Äußere der Anlage – gotisch mit baro-

Holkesturm

Jugendburg Gemen

cken Elementen – hat sich seit 1411 kaum verändert. In der „Oberen Freiheit", in der einst die Burgmannen lebten, siedelte sich ab 1719 ein Franziskanerkloster an. Die angegliederte Marienkirche besticht durch ihre opulente barocke Ausstattung. Bis heute strahlt Gemen eine friedliche Ruhe aus – möglicherweise basierend auf der Tatsache, dass in Gemen zwischen 1710 und 1818 parallel eine katholische, eine lutherische, eine reformierte und eine jüdische Gemeinde existierten und in gegenseitiger Akzeptanz und Toleranz miteinander lebten.

Museum

Forum Altes Rathaus Borken

Kombiniert mit der Touristeninformation im Erdgeschoss bietet das FARB regelmäßig Sonderausstellungen sowie eine kostenlose Sammlung zur Borkener Stadtgeschichte. Bemerkenswert ist hier das interaktive Zeitrad am Stadtmodell, das einen großartigen Überblick über die historische Entwicklung Borkens vermittelt.

Markt 15, 46325 Borken
(www.farb.borken-nrw.de)

Gastronomie

Internationales Spezialitäten-Restaurant Am Alten Rathaus, Heilig-Geist-Straße 14, 46325 Borken (www.restaurantamaltenrathaus.de)
Puro Bar & Restaurant, Markt 1, 46325 Borken (www.puro-foodmarket.de)

In der Nähe

Steinkammergrab Düwelsteene Heiden

Mitten im Wald in der Nähe von Heiden gruppiert sich ein jungsteinzeitliches Megalithgrab um einen Baum. Bereits 1713 entdeckt, wurden bedauerlicherweise bei Ausgrabungen im Jahr 1932 einige Steine verschoben. In der heutigen Form ist die Kultstätte 12 m lang und bis zu 4,2 m breit, zudem im weiteren Umkreis von Wällen und Gräben umgeben. Es handelt sich um eine der südlichsten Fundstellen dieses Grabtyps in Nordrhein-Westfalen. Der Name „Düwelsteene" geht auf zahlreiche Erzählungen zurück, die sich um die Steine ranken. Der Sage nach war der Teufel mit einem Sack großer Steine unterwegs nach Aachen, um den Dom zu zerstören, als er einen Schuster traf, der zwölf Paar zerschlissene Schuhe bei sich trug. Der erzählte, dass Aachen so weit entfernt sei, dass er all diese Schuhe verbraucht habe. Daraufhin beendete der Teufel seine Wanderschaft und zog von dannen. Es soll übrigens auch unmöglich sein, die Steine zu zählen, da der Teufel in der Zwischenzeit heimlich einen davon entfernt oder einen Brocken dazulegt.

Ein mystischer, kraftvoller Ort, den zu erspüren Bänke und Rastmöglichkeiten einladen.
www.weg-der-grossen-steine.de

In der Nähe

Raesfeld

Raesfeld wartet gleich mit zwei historisch äußerst interessanten Stätten auf: Ein ganz besonderer Ort ist die Femeiche im Ortsteil Erle, unter der früher Gericht gehalten wurde und die mit einem Alter von 600 bis 850 Jahren als eine der ältesten Eichen Deutschlands und als der älteste und bekannteste Gerichtsbaum in Mitteleuropa gilt.
Weithin in aller Munde ist auch Schloss Raesfeld, ein Wasserschloss im Stil der Renaissance mit ausgedehnten Parkanlagen, in denen sich sogar ein Tiergarten mit Wildparkcharakter und Naturerlebnisgelände befindet. Es besitzt mit 52,5 m Höhe den höchsten Turm aller westfälischen Schlösser. Führungen durch die Außenanlage und die Schlosskapelle werden angeboten – zudem bietet sich Besuchern mit dem Schlosscafé und mehreren Restaurants in der unmittelbaren Umgebung ein breites gastronomisches Angebot.
www.raesfeld.de

Bauernmuseum Vreden

Im Stadtpark von Vreden können Besucher tief in die Vergangenheit eintauchen. Direkt am Ufer der Berkel frei zugänglich befindet sich ein Bauernhausmuseum mit elf Original-Gebäuden, die aus verschiedenen Orten im Kreis Borken hierher versetzt wurden, darunter auch eine Wassermühle, Backhaus, Kötterhaus und Haupthaus sowie verschiedene Ställe, Schuppen und Scheunen.
Es lohnt sich, auch die Altstadt mit zwei weiteren Museen (Scherenschnittmuseum im Alten Rathaus und Miniaturschuhmuseum Wessels) zu besichtigen. Naturliebhabern sei das Naturschutzgebiet Zwillbrocker Venn empfohlen. Von Februar bis September leben und brüten hier Flamingos – die nördlichste Flamingokolonie der Welt!
www.vreden.de

Historisches an Lippe und Stausee

Haltern

Siebenteufelsturm

Wer an Haltern denkt, hat vermutlich sofort den Stausee im Sinn. Die 1930 zum Zwecke der Trinkwasserversorgung angelegte Talsperre wird von der Stever und dem Halterner Mühlenbach gespeist und schenkt Erholungshungrigen reichlich Raum zum Genießen und Entspannen. Wassersport ist nur im Nordbecken erlaubt. Als einziges Motorschiff bietet das Fahrgastschiff Möwe Rundfahrten an. Gleich im Anschluss lädt die Westruper Heide als größtes Zwergstrauchheidegebiet Westfalens zum Wandern. Ähnlich vielseitig präsentiert sich auch die 2000-jährige Geschichte der Stadt, in der die Römer ebenso ihren Platz beanspruchen wie die Flussschiffahrt, die Hanse, die Wallfahrt und die Köhlerei.

Etwa zur Zeit der Geburt Christi Jahren wagten sich die Römer entlang der Lippe in das rechtsrheinische Stammesgebiet der Germanen vor. Die Schlacht, die das unrühmliche Ende dieser Bemühungen einläutete, ist hinreichend bekannt: die Varusschlacht.

16

Anreise Pkw/Parkplatz:

Kärntner Platz (Ecke Turmstraße/Gantepoth), 45721 Haltern (GPS 51°44'34.20"N, 7°11'4.27"E)

Anreise mit ÖPNV:

Buslinien 88E, 204, 227, 271, 271E, 272, 273, 273E, 275, 275E, 288, 298, Ast71, Bb, Haltestelle „Haltern, Kärntner Platz“

www.haltern-am-see.de

Tatsächlich bestanden auf dem Stadtgebiet Halterns gleich mehrere Militärlager und Kastelle, die später aufgegeben wurden. Die Lage an der Lippe führte jedoch dazu, dass sich hier erneut Menschen ansiedelten. Nachdem für 1169 ein bischöflicher Amtshof urkundlich nachgewiesen ist, erhielt Haltern 1289 die Stadtrechte und begann mit der Errichtung einer Stadtbefestigung. Dies war dringend notwendig, denn der örtliche Übergang über die Lippe markierte die Grenze zwischen dem Fürstbistum Münster und dem Gebiet des Kölner Kurfürsten. Steinerner Zeuge dieser Zeit ist der Siebenteufelsturm aus dem Jahr 1502, der als einziger der drei ehemaligen Wehrtürme noch erhalten ist. 1554 folgte der Beitritt zum Westfälischen Hansebund, der eine wirtschaftliche Blütezeit einläutete. Bald darauf, um 1575, wurde das prachtvolle Alte Rathaus erbaut, das heute als Standesamt und Touristeninformation genutzt wird – ein gotischer Bau mit Renaissance-Giebeln und Bogengang. Gleich gegenüber beeindruckt die neugotische, dreischiffige Hallenkirche St. Sixtus mit ihrem 80 m hohen Turm. Einer der wertvollsten Kunstgegenstände im Inneren ist das „Halterner Kreuz", ein Gabelkruzifix aus der Zeit um 1330/40 und seit Mitte des 18. Jahrhunderts das Ziel zahlreicher Wallfahrer. Es führt alljährlich im September die Kreuzerhöhungsprozession an. Der Legende nach wurde es ursprünglich entdeckt, als es in der Lippe gegen den Strom schwamm.

Neugotische Hallenkirche St. Sixtus

Das Alte Rathaus

Info

Die Varusschlacht

Vor 2.000 Jahren machte sich das Römische Reich daran, in das rechtsrheinische Gebiet vorzudringen. Dabei stießen die Eindringlinge auf den Widerstand der germanischen Bevölkerung. Entlang der Lippe, auf der sie sich vom Rhein aus mit Schiffen stromaufwärts bewegen konnten, entstanden mehrere Stützpunkte. Der größte davon: das Lager Aliso, das sich vermutlich im heutigen Haltern befand. Auf dem Gebiet der Stadt gibt es sechs verschiedene Fundorte für römische Militäranlagen – und ein Gräberfeld. Neben dem Standort des heutigen Römerparks wurden auch am Annaberg und an der Lippe Spuren römischer Befestigungen gefunden, teilweise mehrere Anlagen übereinander.

Im Jahr 9 n. Chr. machte sich eine römische Streitmacht auf, die Germanen zu besiegen. Mit dabei: die 19. Legion des römischen Feldherrn Varus. Im Teutoburger Wald, vermutlich im Gebiet von Kalkriese bei Osnabrück, geriet sie in einen Hinterhalt. Anführer des gegnerischen Heeres, in dem sich mehrere germanische Stämme zusammengeschlossen hatten, war Arminius, auch Hermann genannt, ein Fürst der Cherusker, der selbst von den Römern militärisch ausgebildet worden war und zunächst an ihrer Seite gekämpft und das römische Bürgerrecht erlangt hatte. Durch seine Kenntnis der Militärstrategie gelang es ihm, die Eroberungstruppen in unwegsames, waldiges Gelände zu locken, wo drei römische Legionen sowie deren Hilfstruppen und Tross von den Germanen besiegt wurden.

Dass die 19. Legion zuvor in Haltern stationiert war, ist durch Fundstücke belegt. Gut möglich also, dass Varus und seine Legion von hier aus loszogen, ihrem Untergang entgegen.

www.lwl-roemermuseum-haltern.de

Museum

LWL Römermuseum und Römerpark Aliso

Die museale Ausstellung zeichnet anhand von 1.200 Fundstücken, Modellen und Infotafeln die Entwicklung des Römerlagers vor Ort nach.

Dabei erfahren Besucher – nicht zuletzt auch über verschiedene Medien – reichlich Wissenswertes über die Stützpunkte an der Lippe. Auf der Rückseite des Museums führt ein kurzer Weg in einen Park, in dem ein Teil der Befestigungsanlage rekonstruiert wurde.

Weseler Straße 100, 45721 Haltern am See (www.lwl-roemermuseum-haltern.de)

Wallfahrtsort Annaberg

Bereits seit der Mitte des 16. Jahrhunderts suchen Wallfahrer die Kapelle auf dem südwestlich gelegenen Annaberg auf, um das Gnadenbild Annas zu verehren, der Mutter Mariens und Großmutter Jesu Christi. Der nahegelegenen Quelle wird eine heilende Wirkung nachgesagt. Ein Kreuzweg führt durch den Wald bis zu einer idyllischen Lichtung, auf der die Mariengrotte zu Andacht und Gebet einlädt.

Mariengrotte auf dem Annaberg

Historischer Dorfkern Flaesheim

Malerisch mit zahlreichen Fachwerkhäusern und einer romanischen Stiftskirche präsentiert sich der Ortsteil Flaesheim. Er geht auf einen Hof und eine Kirche zurück, die im Jahr 800 dem heiligen Liudger gestiftet wurden. 1166 siedelten sich Prämonstratenserinnen hier an und gründeten ein Kloster. Kurz darauf wurde bereits der Westturm des heute sichtbaren Kirchenbaus errichtet. Langhausjoche und Chor stammen aus dem 13. und 15. Jahrhundert. Oberhalb der Ortschaft erinnert im Wald ein Schaumeiler an die früher hier vor Ort praktizierte Tätigkeit der Köhler.

Romanische Stiftskirche Flaesheim

Gastronomie

Ratshotel & Restaurants, Mühlenstraße 3-5, 45721 Haltern am See (www.hotel-haltern.de)

In der Nähe

Schloss und Mühle Sythen

Schloss Sythen geht bereits auf das Jahr 758 zurück und gelangte 805 in den Besitz des heiligen Liudger. Das Kapellen-Gebäude stammt aus der Zeit um 1330, der heutige Eingangsbereich war Teil der Vorburg. Nach einer wechselvollen Geschichte und mehrfacher Zerstörung wird das mittlerweile im Besitz der Stadt Haltern befindliche Ensemble aus Schloss und Mühle nun durch einen Förderverein gepflegt und für Veranstaltungen vermietet.

Stockwieser Damm 25,
45721 Haltern am See
(www.schloss-systen.nrw)

Eine Insel
mit drei Burgen
Lüdinghausen
Burg Vischering

Umschlossen von drei Burgen und idyllisch zwischen mehreren Armen der Stever gelegen, präsentiert sich der historische Stadtkern von Lüdinghausen heute zugleich autofrei und gut erreichbar. Eine Fahrradstraße zwischen Burgen und Altstadt, reichlich Parkplätze ganz nah am Zentrum und eine umsichtige Hauptverkehrsführung mit Kreisverkehren und Ampeln mit klarer Beschilderung sorgen dafür, dass Anreise und Aufenthalt für alle Verkehrsteilnehmer orientiert und entspannt verlaufen. Als Sahnehäubchen überzeugen schmucke historische Gebäude, Brunnen und Skulpturen sowie die einladenden Anlagen in der Borg direkt am Wasser mit Blick auf die alte Borgmühle – wo sich beispielsweise auch ein Stuhl befindet, der Glück bringt, Wasserspiele oder (nicht ganz so fröhlich, aber ebenso spannend) die Nachbildung eines Femegerichtsstuhls als Erinnerung an diese alte Form der Gerichtsbarkeit, die früher an dieser Stelle stattfand.

17

Anreise Pkw/Parkplatz:
P1 Pferdewiese, Steverstraße 14-22, 49348 Lüdinghausen
(GPS 51°46'11.56"N, 7°26'23.78"E)

Anreise mit ÖPNV:
Buslinien 512, 523, 542, 548, N4, S90, T54, Haltestelle „Lüdinghausen, Zentrum"

www.lhmarketing.de

Im Spannungsfeld dreier Burgen gelegen, stellten sich die alten Zeiten für Lüdinghausen nicht immer ruhig und friedlich dar. Die Stadt geht auf eine Schenkung an das Kloster Werden um das Jahr 800 zurück, dessen erster Abt der heilige Liudger wurde, der erste Bischof von Münster. Die Fernstraße von Köln nach Münster führte an dieser Stelle durch eine Furt der Stever – zusammen mit einer ersten Kirche ideale Voraussetzungen für Ansiedelungen und lebhaften Handel. Markt- und Münzrechte folgten. Die Burgen Lüdinghausen und Wolfsberg sicherten die Macht der Herren von Lüdinghausen, die selbst Lehnsleute des mächtigen Klosters Werden waren. Als Ausdruck seiner eigenen Macht und Landesherrlichkeit ließ der Bischof von Münster 1271 die wehrhafte Burg Vischering erbauen und Burg Wolfsberg zerstören. Seine Gegner erholten sich jedoch schnell von diesem Schlag, bauten die Burg wieder auf und verliehen Lüdinghausen 1309 (als die Stelle des Bischofs gerade vakant war) die Stadtrechte. Ähnlich brisant wurde es im 15. Jahrhundert, als während der „Stiftsfehde" genannten Streitigkeiten darum, wer der

Burg Lüdinghausen

Museum

Burg Vischering

Burg Vischering gehört zu den Burgen, die man von allen Seiten und auch von innen genießen darf. Während in der Vorburg ein Café und Sonderausstellungen ihren Platz finden, punktet die Hauptburg mit einem Museum zur Burg- und Stadtgeschichte, in dem sich nicht nur historische Ausstellungsstücke, Infotafeln, Modelle und Möbel, sondern auch interaktive Elemente finden. Einer der Höhepunkte ist das eiserne Halsband des Ritters Lambert von Oer, das er einem nächtlichen Überfall im Juli 1520 zu verdanken hatte. Warum er es erhielt und wie es zu den dem Vorfall vorangegangenen Erbstreitigkeiten kam, erfahren Besucher durch die Zeugenaussagen holografisch projizierter Personen. Im Gewölbekeller werden Informationen rund um das Leben in alten Zeiten, die Burggeschichte und die Schlösser und Burgen des Münsterlandes besonders kindgerecht vermittelt – was nicht bedeutet, dass Erwachsene nicht auch Spaß daran haben können!

Das Außengelände bietet reichlich Platz für romantische Spaziergänge rund um die Burg, die aus jeder Perspektive ein ganz anderes Gesicht zeigt, und für Sonderveranstaltungen wie die jährliche Belagerung, Konzerte oder das ANNOTOPIA-Fantasy-Festival.

Berenbrock 1, 59348 Lüdinghausen
(www.burg-vischering.de)

Die Anlagen an der Borgmühle laden zum Entspannen ein.

rechtmäßige Bischof sei, die eingesetzten Herren von Vischering die unterlegene Seite unterstützten – erst eine Ehe konnte hier die Burg für die Familie weiterhin sichern. Nach einem Brand im Jahr 1521 erhielt die Burg nach und nach ihre heutige Gestalt – sie gilt als eine der ältesten und zugleich besterhaltenen Ringmantelburgen mit kreisförmigem Grundriss im nordeuropäischen Raum. Die Hainbuchen auf dem äußeren Wall sind sage und schreibe 350 Jahre alt!

Tipp

Offene Stadtführung und Informationen

Am Lüdinghaus (Borg 4), in dem sich auch die Touristeninformation befindet, startet jeden ersten Samstag im Monat um 14.30 Uhr eine offene Stadtführung. Selbstverständlich können dort auch weitere Führungen gebucht werden. Hier werden zudem spannende Informationen rund um die Stadt angeboten: beispielsweise die Broschüre „Wasserburgenstadt Lüdinghausen – Historisches & Bauwerke, Natur & Geschichten" (3 €) mit einem Vorschlag für einen Stadtrundgang und reichlich Informationen zu den Sehenswürdigkeiten, ein magisches Hörbuch der Geschichte(n) oder sogar ein abwechslungsreiches Gesellschaftsspiel zur Stadtgeschichte.

Historische Schönheiten für jedermann

Während Burg Wolfsberg heute kaum noch erkennbar ist, befindet sich die noch ältere Burg Lüdinghausen in städtischem Besitz. Der ursprüngliche wehrhafte Bau erhielt nach einem Brand um 1570 Elemente im Stil der Renaissance. Die Lebensmittelpreise aus dieser Zeit sind heute noch auf einer Steintafel im Innenhof abzulesen. Im Laufe der Jahrhunderte wurden verschiedene ältere Gebäudeteile abgerissen. Die Burg und insbesondere der Renaissanceflügel und der prachtvolle Kapitelsaal mit seinen Wappentafeln werden heute für vielfältige kulturelle Veranstaltungen genutzt. Ringsum bietet der „Parc de Taverny“ mit Wassergarten, Steinlabyrinth, Boulebahn und Spielplatz reichlich Möglichkeiten zur Freizeitgestaltung und zur Entspannung. Im Übergang zur Altstadt erzählt der Glockenkolk seine sagenhafte Geschichte – eine versunkene christliche Kapelle soll sich auf seinem Grund befinden!

Gerichtsbrücke

Tipp

Blaudruckerei

Eine der letzten aktiven Blaudruckereien befindet sich an der Münsterstraße. Hier wird die alte Handwerkskunst noch mit Liebe und Hingabe, vor allem aber mit Sorgfalt und Ruhe praktiziert. Im Laden werden wahre Kostbarkeiten angeboten. Aus über 700 Mustern können auch individuelle Stücke hergestellt werden. Führungen und auch Workshops im Keramik-bemalen werden angeboten – auch kombiniert mit einem Besuch des Café Indigo am Klutensee.

Münsterstraße 51,
59348 Lüdinghausen
(www.gemalt-wie-gedruckt.de)

Wer es märchenhaft liebt, dem wird auch das älteste Profangebäude der Stadt gefallen: das Hakehaus. Bei dem malerischen Fachwerkhäuschen handelt es sich um ein ehemaliges Armenhaus, das um 1670 erbaut wurde und heute als Altenbegegnungsstätte und Jugendheim dient. Gleich gegenüber thront die Pfarrkirche St. Felicitas als mächtige, typisch westfälische spätgotische Hallenkirche an eben jener Stelle, an der St. Liudger sein erstes Kirchlein erbaute. Der heutige Bau wurde ab 1507 in Angriff genommen. Der 70 m hohe Turm wird dabei unter anderem von zwei Säulen getragen, die als die dicksten massiven Sandsteinsäulen gelten. Der Taufstein stammt noch aus dem 13. Jahrhundert.

Gastronomie

Hotel zur Post, Wolfsberger Straße 11, 59348 Lüdinghausen (www.hotel-zur-post-lh.de)

Café Reitstall Burg Vischering, Berenbrock 1, 59348 Lüdinghausen (cafe-terjung.de)

Borgmühle am Steverarm

Tipp

Rosendorf Seppenrade

Ein Ausflug in den Lüdinghausener Stadtteil Seppenrade ist gleich in zweierlei Hinsicht interessant: Zum einen lässt der fast zwei Hektar große romantische Rosengarten, dem der Ort seinen Beinamen verdankt, die Herzen höherschlagen. Der Garten ist kostenlos zugänglich und bietet neben 300 Rosensorten und 39 Ruhebänken auch einen Zierteich, einen Pavillon, eine Boulebahn, ein Schachfeld und einen Spielplatz. Auch öffentliche Toiletten sind vorhanden, ein Großteil der Wege ist barrierefrei. Vor den Toren des Gartens befinden sich Reproduktionen der Ammoniten, die in Seppenrade gefunden wurden. Es handelt sich mit Durchmessern von bis zu 1,74 m um die größten Fundstücke dieser Art weltweit.

www.seppenrade.de

In der Nähe

Schloss Nordkirchen

Westfälisches Versailles – der Vergleich hinkt tatsächlich nicht. Schloss Nordkirchen zählt zu den bekanntesten und prachtvollsten Schlössern im Münsterland. Das barocke Ensemble aus Schloss und Gartenanlagen, umgeben von Gräften, wurde von 1703 bis 1733 durch Gottfried Laurenz Pictorius und Johann Conrad Schlaun für den Fürstbischof von Münster errichtet. Heute beherbergt es die Hochschule für Finanzen NRW. Außengelände und Park sind frei zugänglich. Führungen werden sonntags angeboten und können zusätzlich gebucht werden. Schloß 1, 59394 Nordkirchen (www.schloss.nordkirchen.net)

Burgturm in Ascheberg-Davensberg

Der uralte, 30 m hohe Wehrturm mit 2 m dicken Mauern geht auf die Burg Davensberg zurück, die um 1263 errichtet wurde. Er diente lange Zeit als Verlies und beherbergt heute ein Heimatmuseum – mit Folterkammer und Trauzimmer!
Mühlendamm 5,
59387 Ascheberg-Davensberg
(www.ascheberg-touristinfo.de)

Schloss Westerwinkel

Das frühbarocke Wasserschloss Westerwinkel zeigt heute noch sein Gesicht aus der Zeit vor 300 Jahren. Es ist von einem Golfplatz umgeben. Park und Außenanlagen sind öffentlich zugänglich.
Horn-Westerwinkel 1,
59387 Ascheberg-Herbern
(www.ascheberg-touristinfo.de)

Olfen

Liebhaber ungewöhnlicher historischer Brückenbauten kommen in Olfen auf ihre Kosten. Die Kanalbrücke „Alte Fahrt" (Überführung des Dortmund-Ems-Kanals über die Lippe), die baulich ähnliche Drei-Bogen-Brücke (historische Kanalbrücke über die Stever) und die „Schiefe Brücke" über die Oststraße sind gut erhaltene steinerne Zeugen der Konstruktion des Dortmund-Ems-Kanals Ende des 19. Jahrhunderts. Über die „Alte Fahrt", das ehemalige Bett des Dortmund-Ems-Kanals, führt heute ein Rad- und Fußweg.
www.olfen.de

Ganz schön mittelalterlich

Werne

Altes Rathaus am Markt

Im Kreis Unna am nordöstlichen Rand des Ruhrgebiets und ganz im Süden des Münsterlandes gelegen, überrascht die historische Innenstadt von Werne mit einer Vielzahl von charmanten historischen Gebäuden in einem interessanten Dreiklang aus Rathaus und Markt, Kirche und Kirchhof sowie dem Kapuziner-Kloster an der Südmauer. Die ältesten Häuser befinden sich dabei am Kirchhof, rund um die St. Christophorus-Kirche gruppiert: Die sogenannten Wärmehäuschen stammen aus dem 16. Jahrhundert und wurden ursprünglich von den Bauern aus dem Umland als Speicher und zum Aufwärmen beim Kirchgang verwendet. Das Fachwerkhaus Nr. 24 stammt aus dem Jahr 1447 und gilt als eines der ältesten Kleinfachwerkhäuser Westfalens.

18

Anreise Pkw/Parkplatz:
Parkplatz auf dem Berg, Auf dem Berg 5, 59368 Werne
(GPS 51°39‘40.02“N, 7°38‘1.18“E)
Parkplatz am Solebad Werne, Am Hagen 2, 59368 Werne
(GPS 51°39‘37.85“N, 7°37‘56.81“E)

Anreise mit ÖPNV:
Buslinien R14, R81, R82, S10, S81, T14, T53, T82,
Haltestelle „Werne, Markt“

www.werne.de

Wärmehäuschen am Kirchhof

Wie ein Gegenpart befindet sich ganz im Süden der Altstadt das 1659 erbaute und immer noch aktive Kapuzinerkloster. Die Klosterkirche ist für Besucher geöffnet und mit ihren barocken Altären und der Kanzel aus dem 17. Jahrhundert überaus sehenswert. Zwischen diesen beiden geistlichen Polen überwältigt der Marktplatz Besucher mit seinem historischen Ambiente. Das Alte Rathaus mit seinen gotischen Laubengängen wurde um 1512 erbaut und 1561 fertiggestellt. Seine Fassade und sein Giebel sind an Münsters Bogenhäusern orientiert und repräsentieren ein typisches spätmittelalterliches münsterländisches Kleinstadtrathaus. Gemeinsam mit dem Alten Steinhaus handelt es sich hier um eines der ältesten steinernen Gebäude der Stadt.

Museum

Stadtmuseum Werne

Im Alten Amtshaus aus dem 17. Jahrhundert befindet sich auf 800 m^2 eine umfangreiche Sammlung zur Stadtgeschichte und ihrer Kultur. Neben zusätzlichen Sonderausstellungen ist auch das Stadtarchiv hier beheimatet.

Karl-Pollender-Museum,
Kirchhof 13, 59368 Werne (www.werne.de)

Werne wurde bereits 834 erstmals erwähnt und erhielt 1362 das Recht auf einen jährlichen Markt zu Simon-Juda (28. Oktober). Die Geschichte des 20. Jahrhunderts ist geprägt durch den Bergbau, die Zeche Werne, die 1975 stillgelegt und teilweise abgerissen wurde. Nachhaltige Folge der Bohrungen nach Kohle ist jedoch die heiße Solequelle, die dabei zutage trat und dafür sorgte, dass Werne den Status als „Kurbad" erhielt. So erfreut Werne seine Besucher heute mit einem Gradierwerk im Stadtpark und mit dem größten und modernsten Solebad der Region.

Gastronomie

Hotel Ickhorn, Markt 1, 59368 Werne (www.hotel-ickhorn.de)

In der Nähe

Schloss Cappenberg

Unweit der Stadtgrenze lockt das ehemalige Kloster Schloss Cappenberg. Als Burg wurde es bereits 1092 urkundlich erwähnt. 1121 wurde die Anlage in ein Kloster umgewandelt und eine romanische Stiftskirche errichtet. Der barocke Neubau aus der Zeit um 1728 wurde im 19. Jahrhundert vom preußischen Staatsmann und Reformer Freiherr vom Stein erworben und bis zu seinem Tod 1831 als Altersitz genutzt. Heute ist das Außengelände öffentlich zugänglich, und der 25 m hohe Wasserturm aus dem Jahr 1899 kann gegen Einwurf einer 1-Euro-Münze als Aussichtsturm bestiegen werden. Das Schloss selbst beherbergt ein Museum, das Archiv des Freiherrn vom Stein und das Stiftsarchiv.

Schlossberg 1b, 59379 Selm
(www.lwl-museum-kunst-kultur.de)

Vorburg des Wasserschlosses Haus Steinfurt

Knapp 20 km südlich von Münster und 50 km südöstlich der Stadt Steinfurt, zu der Burgsteinfurt gehört und deren Namensähnlichkeit Ortsunkundige verwirrt, wickelt Drensteinfurt seine Besucher mit seinem ganz eigenen Charme um den Finger. Seine Geschichte trägt es dabei mit Stolz vor sich her – überquert doch auf dem idyllischen Kirchplatz eine Statue des Waltbraht, ein Enkel Widukinds, auf dem Weg von Rom nach Wildeshausen die Steinfurt der Werse genau hier, im damals „Dren-Gau“ genannten Gebiet. Es handelte sich seinerzeit um die einzige Furt durch die Werse weit und breit. Auf dem Kopf trägt er den heiligen Alexander als Kind auf den Schwingen eines Adlers als Sinnbild für die Reliquien, die er tatsächlich mit sich geführt haben soll. Dieses Ereignis aus dem Jahr 851 wurde urkundlich festgehalten und gilt als erster Nachweis der Existenz Drensteinfurts, auch wenn die um einen Oberhof gelegene Siedlung vermutlich schon auf das 7. Jahrhundert zurückgeht.

19

Anreise Pkw/Parkplatz:
Parkplatz Landsbergplatz, 48317 Drensteinfurt
(GPS 51° 47‘55.43“N, 7° 44‘17.04“E)

Anreise mit ÖPNV:
Buslinien N42, T56, T59, Haltestelle „Drensteinfurt, Schlossallee“

www.drensteinfurt.de

Idyllischer Kirchplatz

Parallel zum namensähnlichen Steinfurt existiert auch hier ein Wasserschloss Steinfurt (auch Haus Steinfurt genannt), doch mitten im tiefen Grün des Waldes und der Gräfte ist dessen Erscheinung und Wirkung eine völlig andere – schön wie aus einem Märchen entsprungen sind sie beide! Schloss Steinfurt ist wie sein Namensvetter nur von außen zugänglich und liegt gegenüber einer malerischen Wassermühle. Sein heutiges Erscheinungsbild erhielt es Anfang des 18. Jahrhunderts. Der Schlosspark ist für die Öffentlichkeit zugänglich. Verlässt man den magischen Wald rund um das Herrenhaus, strahlt dem Betrachter im Licht der Sonne das wohl bedeutendste Fachwerkbürgerhaus entgegen: die Alte Post in der Mühlenstraße 15, ein gewaltiges Vierständerhallenhaus mit fast 30 m Länge und einer nördlichen Schaufassade. Es wurde im Jahr 1647 erbaut und diente als Handels- und Speicherhaus mit Wohnfunktion und Raum für etwas Landwirtschaft. Ab 1851 wurde es als Posthalterei genutzt

Museum

Mühlen- und Gerätemuseum in Drensteinfurt-Rinkerode

Das private Mühlen- und Gerätemuseum mit der Windmühle aus dem Jahr 1810 bietet neben Führungen durch die Mühle eine bunte Sammlung von Gerätschaften und Kunst. Besucher sind willkommen, eine Anmeldung ist erwünscht.

Eickenbeck 44/B54, 48317 Drensteinfurt
(www.muehlenmuseum-rinkerode.de)

Tipp

Kornbrennerei Eckmann in Walstedde

Die Brennerei wurde bereits 1836 gegründet und befindet sich nach wie vor in Familienbesitz. Sie verkauft Brände und Liköre aus dem Münsterland, sowohl im benachbarten Laden als auch im Online-Shop. Führungen sind buchbar, einmal jährlich findet ein traditionelles Hoffest statt.

Nordholter Weg 2, 48317 Drensteinfurt-Walstedde (www.brennerei-eckmann.de)

und bot Pferden und Kutschen Platz. Nach einer Phase als Autoreparaturwerkstatt und Busdepot enthält es heute Räumlichkeiten für kulturelle Veranstaltungen, Bürger und Rat sowie ein Trauzimmer des Standesamtes.

Das Herz der Stadt schlägt jedoch auf dem Kirchplatz. Paradiesisch und verträumt lädt der Park vor der katholischen Pfarrkirche St. Regina dazu ein, zu verweilen, zu spielen und sich zu entspannen. Dass sich gleich nebenan eine Eisdiele befindet, macht das Ganze perfekt. Dabei kann der Blick entspannt über die umgebenden Fachwerkhäuser schweifen, die die Zeiten als Ackerbürgerstadt immer noch deutlich widerspiegeln. Die Kirche selbst wurde zwischen 1787 und 1790 unter Einbeziehung von Vorgängerbauten errichtet und im 19. Jahrhundert weiter ausgebaut. Das Kircheninnere ist klassizistisch geprägt. Weiß, Gold und Blautöne bestimmen die Ausstattung. Besonders auffällig ist dabei die Orgel, die 1789 von Caspar Melchior Vorenweg erbaut wurde und dafür sorgte, dass St. Regina in das Kulturnetzwerk Deutsche Orgelstraße aufgenommen wurde. Ganz in der Nähe befindet sich auch die ehemalige Synagoge, die in der Reichspogromnacht schwer verwüstet wurde und heute als Mahnmal, Lehrhaus und kultureller Veranstaltungsort dient.

Gastronomie

Eishaus, Mühlenstraße 6, 48317 Drensteinfurt (www.eishaus.eu)

Von Bischöfen und der Wallfahrt

Telgte

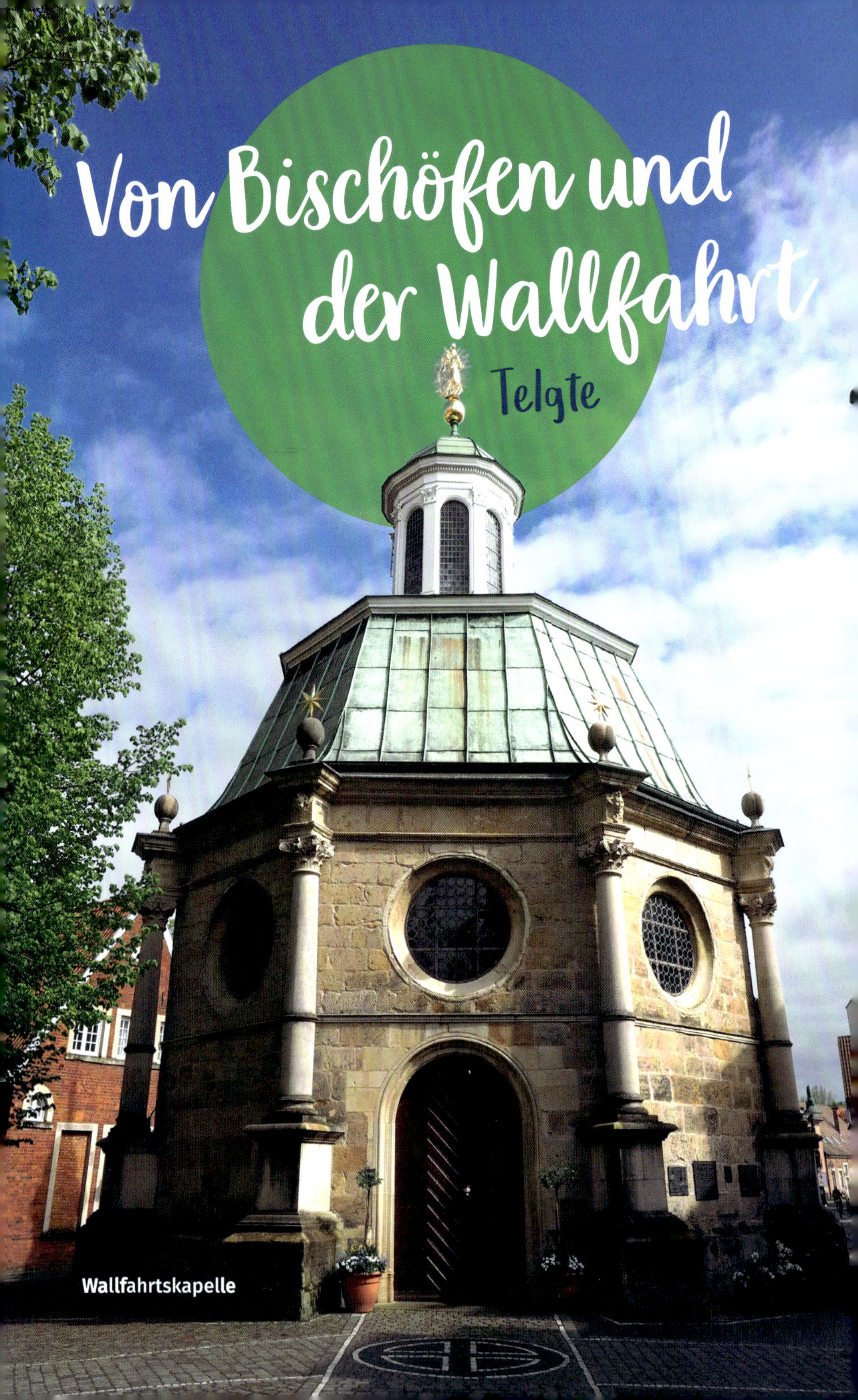

Wallfahrtskapelle

Typisch münsterländisch! An wenigen Orten ist das so zutreffend wie in der gastfreundlichen kleinen Stadt mit gut 20.000 Einwohnern am Ufer der Ems. Bereits in ihrer Entstehungsgeschichte treffen gleich zwei Merkmale aufeinander, die ganz typisch für die Umgebung von Münster sind: An einer Furt der Ems lagen zwei Bauernhöfe, die Frankenfurt und Telgoth genannt wurden. Mehrere bedeutende Fern- und Handelsstraßen trafen hier aufeinander, die sich in Richtung Süden, Nord- und Ostsee fortsetzten. Zugleich wurde zur Zeit Karls des Großen die Missionierung der vor Ort ansässigen Sachsen vorangetrieben. So kam es, dass der heilige Liudger (Missionar und erster Bischof von Münster), um das Jahr 800 an dieser Stelle eine Kirche errichtete. Zugleich Kirchenort und Marktflecken, entwickelte sich Telgte rasch, wurde 1137 als „Dorf mit einer Mühle“ urkundlich erwähnt, erhielt 1238 die Stadtrechte und trat dem Hansebund bei.

20

Anreise Pkw/Parkplatz:
Parkplatz Knickenbergplatz, Knickenbergplatz 11,
48291 Telgte (GPS 51°59‘7.44“N, 7°47‘2.06“E)
Parkplatz an der Emsuferbleiche, Wallock,
48291 Telgte (GPS 51°58‘56.69“N, 7°47‘22.67“E)

Anreise mit ÖPNV:
Buslinien E13, N2, R11, R13, Haltestelle „Telgte, Rathaus/Baßfeld“

www.telgte.de

Herrenstraße

Ein weiteres Wachstum nach der Erhebung zur Stadt wurde möglich, indem der Bischof den Bürgern die Äcker seines Hofes gegen eine Zahlung von drei Hühnern und vier Eiern pro Jahr zum Bau anbot. Mit dem Bau der bischöflichen „Florenzburg" 1367/79 war auch die Errichtung von Wehr- und Verteidigungsanlagen verbunden, die nach dem Ende des Siebenjährigen Krieges 1763 abgerissen wurden. Dazwischen lagen unruhige Zeiten: Das 16. Jahrhundert war geprägt durch Stadtbrände und Ausbrüche der Pest. Während der Herrschaft der Wiedertäufer in Münster bot Telgte dem Fürstbischof Franz von Waldeck Unterkunft. Doch das örtliche Handwerk, allen voran Tuchmacherei und Strumpfwirkerei, sowie Kram-, Vieh- und Jahr-

Tipp

Kutschenwallfahrt

Christi Himmelfahrt steht seit dem 750jährigen Stadtjubiläum 1988 ganz im Zeichen der Kutschenwallfahrt. Rund 100 prachtvolle, reich geschmückte Kutschen verschiedenster Bauart mit eindrucksvollen Zugpferden (vom Minipferd über Haflinger und Friesen bis zum Kaltblutpferd ist alles dabei) ziehen nach einer Andacht in einem Korso von der Planwiese durch die Innenstadt. Die schönsten Gespanne werden prämiert.

www.telgter-wallfahrt.de

Mühle am Emstor

märkte sorgten weiterhin für eine gesunde Entwicklung. Der jährlich im September stattfindende Mariä-Geburts-Markt ist ein sehr lebendiges Relikt dieser Zeit und geht auf das Jahr 1616 zurück.

Die Wallfahrt

Bis heute prägt die Wallfahrt das Stadtbild. Im Zentrum der Verehrung steht das Gnadenbild – eine der ältesten Mariendarstellungen Westfalens aus Pappelholz, die etwa auf 1370 datiert wird. Sie befindet sich mindestens seit 1455 in Telgte. Nach dem Ende des Dreißigjährigen Krieges ordnete der Fürstbischof 1654 eine Wallfahrt des ganzen Bistums nach Telgte an, um die Religiosität im Bistum zu stärken und zu ordnen. Die heutige barocke Wallfahrtskapelle entstand in dieser Zeit und wurde 1763 erweitert. Sie beherbergt nicht nur die Pietà, sondern auch unzählige Votiv- und Weihegaben, die von der

Gnadenbild schmerzhafte Muttergottes von Telgte

Dankbarkeit der Pilger und Besucher zeugen. Gleich nebenan lädt die Pfarrkirche zu einem Besuch. Die gotische Hallenkirche stammt aus der Zeit nach 1500. Sie erhielt im 19. Jahrhundert einen neuen Turm und wurde um ein fünftes Joch erweitert. Die Sakristei wurde im 20. Jahrhundert weiter ausgebaut. Pfarrkirche und Wallfahrtskapelle bilden neben dem benachbarten Marktplatz, den man als Herz der Stadt bezeichnen kann, das religiöse Zentrum – ihre Seele.

Auch der Jakobsweg führt durch Telgte.

Tipp

Kinder-Pilger-Weg und Telgter Kinderspur

In Telgte wird auf die Bedürfnisse aller Besucher und Einwohner geachtet – auch der Kinder. Während die Telgter Kinderspur den Jüngsten vermittelt, wo es spannende und unterhaltsame Dinge zu erleben gibt (Tipps für jedes Wetter und die verschiedensten Interessen!), wird zum entlang der Ems angelegten Kinder-Pilger-Weg auch direkt ein kostenloser, schön gestalteter Pilgerpass geliefert. Der Pass regt an den verschiedenen Stationen spielerisch zur Selbstreflektion an, beispielsweise an einer Weggabelung, an der es um Entscheidungen im eigenen Leben geht. Fällt die Wahl zu schwer, darf am Ende aus einer Kiste eine Tafel gezogen werden, die Hilfestellung geben kann. Die vom Kinder-Pilger-Club eingesprochenen Texte zu den Stationen können, kombiniert mit passenden Bildern, auch im Internet gehört und nachvollzogen werden.

Für Erwachsene wurden verschiedene Wanderrouten vorbei an Bildstöcken, Schutzengeln, Wege- und Hofkreuzen angelegt.

www.telgter-wallfahrt.de

Kulturspur

Eine Spur aus roten Tonsteinen im Gehwegpflaster führt durch die Altstadt. Sie markiert die Kulturspur, einen Rundgang zu den Sehenswürdigkeiten der Stadt, begleitet von zahlreichen phantasievoll gestalteten Kunstwerken – beginnend beim Stadtausrufer auf dem Markt, der in seinen Händen ein Schriftstück hält, das die Stadtgründung und -entwicklung schildert. Sie wurde dem letzten Telgter Stadtschreier, dem 1913 verstorbenen Heinrich Sauerland, nachempfunden und – wie neun weitere Kunstwerke – von Prof. Jörg Heydemann als bronzene Vollplastik angefertigt. Weiter geht es, kreuz und quer durch die Altstadt zu den verschiedensten historischen Gebäuden. „Folge dem roten Tonsteinweg …" – und du wirst eine Menge Historisches, Spannendes und Unterhaltsames über Telgte erfahren!

Gastronomie

Gaststätte Im Wilden Mann, Emsstraße 25, 48291 Telgte (www.imwildenmann-telgte.de)

De Pottkieker's Pfannkuchenhaus, Emsstraße 2, 48291 Telgte (www.depottkieker.de)

Böttcher Keller Weinbar & Restaurant, Markt 4, 48291 Telgte (www.boettcher-keller.de)

Altes Schulhaus an der Herrenstraße

Historische Gebäude
an der Emsstraße

Museum

Westfälisches Museum für religiöse Kultur RELíGIO

Das RELíGIO wurde ursprünglich 1934 als Wallfahrts- und Heimatmuseum gegründet. Heute vermittelt die Ausstellung in zwei gegenüberliegenden Gebäuden einen anschaulichen Blick nicht nur auf die klassischen Religionen und ihre Geschichte seit der Bronzezeit, sondern auch – in sehr weltoffener Weise – auf moderne Formen der Spiritualität. Den augenzwinkernden Höhepunkt der dargestellten Devotionalien vielfältiger Verehrungsformen auf dem „Tisch der Religionen" im Erdgeschoss des Neubaus bilden ein Fanschal und eine Bibelausgabe des FC Schalke 04, die die „Ersatzreligion Fußball" (versehen mit einem Fragezeichen) veranschaulichen. Feste und Rituale im Jahres- und Lebenslauf werden für verschiedene Kulturen und Religionen dokumentiert und auch in räumlicher Form (zum Beispiel durch Tore für den Übergang von einem Lebensabschnitt zum nächsten) versinnbildlicht. Einen besonderen Platz erhalten die westfälische Glaubenslandschaft und die in Telgte allgegenwärtige Wallfahrt. Das wohl berühmteste Ausstellungsstück, das „Telgter Hungertuch" aus dem Jahr 1623, nimmt eine ganze Stirnseite im Altbau-Erdgeschoss ein. 33 in Filetstopfarbeit gefertigte Bildfelder zeigen im Wechsel mit unverzierten Quadraten aus Leinen das Leiden Christi sowie verschiedene Symbole, die vier Evangelisten, Inschriften und Wappen. Bis 1907 verbarg es während der Fastenzeit in der Pfarrkirche St. Clemens den Altarraum.

Sonderausstellungen wie die weihnachtliche Krippenkunstausstellung, die Einladung zum religiösen Dialog, Angebote für Gruppen aller Altersklassen und buchbare Führungen ergänzen das Angebot.
Herrenstraße 1-2, 48291 Telgte, (www.museum-religio.de)

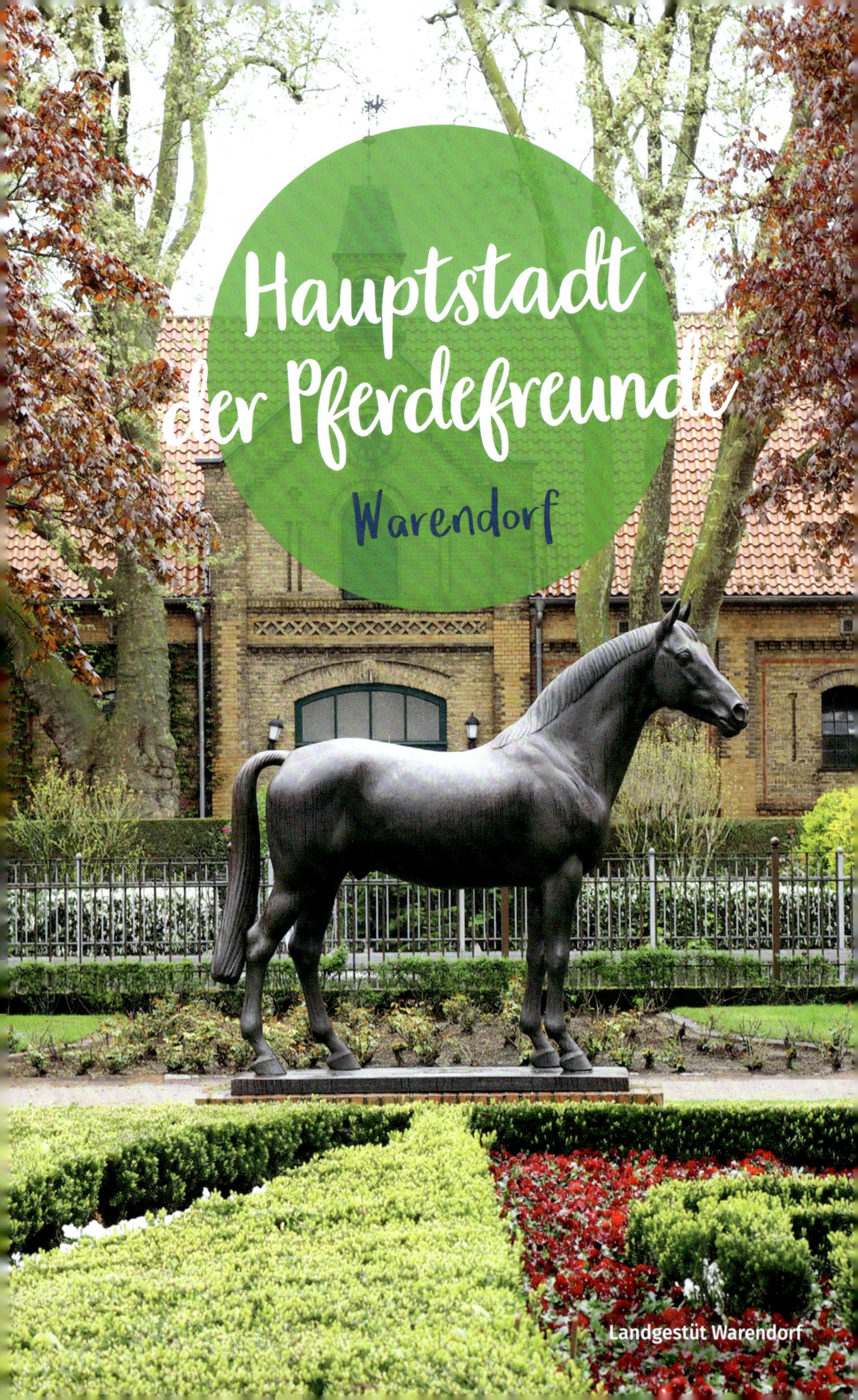
Hauptstadt
der Pferdefreunde
Warendorf
Landgestüt Warendorf

Spricht man vom „Mekka des Reitsports", so können gleich mehrere Orte damit gemeint sein. Ein Name ist ganz sicher dabei: Warendorf. Die westfälische Kreisstadt im Osten des Münsterlandes trägt mit Stolz den Beinamen „Pferdestadt". Wer sie vom Emstor aus betritt, wird auf der linken Straßenseite gleich mit einem „Walk of Fame" begrüßt, auf dem in den Boden eingelassene Granitplatten stolz die Namen der Olympiasieger im Reitsport verkünden. Die „Straße der Sieger" beginnt mit dem Olympiasieg Hans-Günter Winklers auf Halla 1956 vor dem Gasthaus Darup und endet vor dem Sitz des Deutschen Olympiakomitees für Reiterei (DOKR), bei dem sich der Kreis schließt und eine Statue der Wunderstute die Betrachter erfreut.

21

Anreise Pkw/Parkplatz:
Parkplatz Lohwall, Zwischen den Emsbrücken 2,
48231 Warendorf (GPS 51° 57'17.68"N, 7° 59'29.29"E)

Anreise mit ÖPNV:
RB 67, Buslinien 311, R23, R63, S20, Haltestelle „Warendorf, Bahnhof"
Buslinien R23, S20, S35, Haltestelle „Warendorf, Stadtgraben"
Buslinien B5, B7, Haltestelle „Warendorf, Markt"

www.warendorf.de

All diese Herrlichkeit begann 1826, als der Preußenkönig Friedrich Wilhelm III. das Nordrhein-Westfälische Landgestüt vis-à-vis der Altstadt auf der anderen Seite der Ems ansiedelte. Die altehrwürdigen Mauern mit den schmucken Reitanlagen und den gepflegten Stallungen stehen noch heute dem breiten Publikum offen – zu den Öffnungszeiten dürfen sogar die Stallungen betreten werden. Glanzvolle Veranstaltungen wie die Hengstparade im September und die Bundeschampionate bilden neben dem Warendorfer Rosenmontagsumzug und den Stadtfesten die Höhepunkte im Jahreslauf.

Historische Altstadt

Pferdestatuen in allen Formen und Farben bevölkern auch die Altstadt. Hier erzählen Gebäude aus den verschiedensten Zeitaltern in vielfältiger Pracht die Stadtgeschichte. In jeder Gasse und auf jedem Platz atmet der Betrachter den Hauch der Geschichte. Mehr als 250 der 600 Gebäude im historischen Stadtkern stehen unter Denkmalschutz. Einige davon sind als dezentrales Stadtmuseum im Rahmen von Führungen auch von innen zu besichtigen. Zwei katastrophale

Überall im Stadtgebiet finden sich Pferdestatuen.

Emstor

Ereignisse nahmen großen Einfluss auf das Gesicht der Stadt: der große Stadtbrand im Jahr 1404, in dessen Folge das Rathaus und die Laurentiuskirche in ihrer heutigen Form erbaut wurden, und der Zweite Weltkrieg, in dem wie durch ein Wunder die Altstadt verschont blieb, sodass uns heute noch zahlreiche Bauten ihre Geschichte erzählen können.
Eindrucksvolles Tor zu all dieser Herrlichkeit ist die Emsstraße. Warendorf begrüßt seine Besucher dort mit einer restaurierten Wassermühle und der ausladenden Front des Mühlenhofes aus dem Jahr 1781. Unmittelbar hinter der Brücke über den namensgebenden Fluss flankieren alte, giebelständige Bürgerhäuser die schmale Prachtstraße wie Perlen auf einer Kette. Mehrere dieser Häuser weisen bis zu fünf vorkragende Balken und geschnitzte Schmuck-

Tipp

Öffentliche Führungen und Stadtplan

Öffentliche Führungen finden jeweils um 10.30 Uhr samstags im NRW Landgestüt und sonntags in der historischen Altstadt statt. In der Touristeninformation ist zudem ein Stadtplan erhältlich, auf dem die Wahrzeichen Warendorfs eingezeichnet sind und in Kurzform erklärt werden. Für Kinder gibt es eine Rallye mit Fragen zur Stadtgeschichte.

Pfarrkirche St. Laurentius („Alte Kirche")

bänder auf. Schließlich weitet sich der Blick, und der Marktplatz mit dem Rathaus und prachtvollen Patrizierbauten mit Treppen-, Schmuck- und Schaugiebeln aus der Hansezeit erfreut den Betrachter. Diese Häuser stammen im Kern teils aus dem 15. Jahrhundert, wurden aber später umgestaltet – nicht selten durch den Barockbaumeister G. L. Pictorius, der auch Schloss Neukirchen erbaute. Linkerhand beeindruckt die Pfarrkirche St. Laurentius mit ihrer enormen

Museum

Westpreußisches Landesmuseum

Mitten in Westfalen ist mancher leicht irritiert, in den Mauern des ehemaligen Warendorfer Franziskanerklosters eine zentrale deutsche Einrichtung zur Sammlung, Erforschung und Dokumentation der Kultur der historischen Provinz Westpreußen vorzufinden. Tatsächlich handelt es sich um ein äußerst spannendes Zeugnis nicht nur der dortigen, sondern auch der deutschen Geschichte, das zudem hochinteressante wechselnde Sonderausstellungen bietet.

Klosterstraße 21, 48231 Warendorf
(www.westpreussisches-landesmuseum.de)

Weiteres Museum:

Dezentrales Stadtmuseum mit mehreren Standorten (Historisches Rathaus, Gadem Zuckertimpen 4, Fabrikantenwohnhaus Bispinck, Bürgerhaus Klosterstraße 7, Torschreiberhaus), ergänzt durch das Zigarrenmacherhaus, die Promenade und das Heinrich Friedrichs Museum (www.heinrich-friedrichs-museum.de)

Größe, einer lichtdurchfluteten Raumgestaltung als dreischiffiger Hallenkirchenbau und bedeutenden Kunstschätzen. So stammt der Warendorfer Passionsaltar aus der Zeit um 1420 und ist ein typisches Beispiel für die mittelalterliche Tafelmalerei in Westfalen. Das „Gnadenbild der glorreichen Jungfrau von Warendorf" aus dem Jahr 1752 im linken Seitenschiff wird bis zum heutigen Tage beim alljährlichen Fest zu Mariä Himmelfahrt der Prozession vorangetragen. Seit einem Brand im Jahre 2002 ist sie schwarz gefärbt; die „Schwarze Madonna" wurde damit aber erst recht zum Sinnbild für die Unzerstörbarkeit des Glaubens.

Entstehung, Blüte und Krisen

Die Laurentiuskirche wird auch „Alte Kirche" genannt, denn sie gilt als Keimzelle der Stadt. Hier, auf einer Düne an einer Furt durch die Ems, entstand zur Zeit Karls des Großen, um 800 herum, eine Siedlung mit einer Missionskirche, während zuvor bereits etwa 2,5 km weiter westlich eine Sachsensiedlung existierte. Der Name „warano thorb" bedeutet „Siedlung an den Wehren". Händler überquerten die Ems an dieser Stelle, und bis zum 13. Jahrhundert wuchs Warendorf dank seiner Lage und des begehrten, vor Ort hergestellten Leinens zu einem Handels- und Gewerbezentrum heran, das um 1200 die Stadtrechte erhielt und 1255 dem Rheinischen Städtebund und in der Folge auch der Hanse beitrat. Die Stadt breitete sich nach Westen aus, und eine zweite Stadtkirche, die „Neue Kirche" genannte Marienkir-

Die Promenade verläuft entlang der alten Stadtbefestigung.

Historischer Marktplatz

che, wurde errichtet. Der einzeln stehende romanische Turm dieser Kirche ist, ebenso wie der ehemals zur Stadtbefestigung gehörende Bentheimer Turm im Osten der Stadt, als steinernes Zeugnis dieser Zeiten erhalten geblieben und lediglich nach einem Blitzschlag 1868 mit einem neugotischen Zinnenkranz versehen worden, was ihm ein wahrhaft märchenhaftes Aussehen verleiht. Der Reichtum der Warendorfer Kaufleute wurde durch die repräsentativen Bürgerhäuser veranschaulicht, die heute noch am Marktplatz sowie an der Ems- und Oststraße zu bewundern sind. Die Handwerker und Leineweber lebten in den Nebenstraßen in einem „Gadem" – so nannte man damals die kleinen Mietshäuser, deren gestampfter Lehmboden die zur Leinenherstellung passende Luftfeuchtigkeit bot, der Gesundheit aber nicht förderlich war. Das älteste noch bewohnte Gadem aus dem Jahr 1608 an der Gasse Pumperie (Ecke Schweinemarkt) ist auch deshalb besonders bemerkenswert, weil ihm zugunsten der Gasse „eine Ecke fehlt". Ein faszinierender Anblick!
1534 sympathisierten Händler und Bürger von Warendorf mit der Wiedertäuferbewegung in Münster. Im Verlauf des damit zusammenhängenden „Bildersturms" fanden zahlreiche kostbare Kunst-

werke ein unrühmliches Ende im Wasser der Ems. Diese religiöse und politische Entwicklung führte dazu, dass der Bischof 1534/56 die Stadt besetzte und ihr die Stadtrechte entzog. Der Widerstand der Stadt während des Dreißigjährigen Krieges, mehrere hundert Soldaten in ihren Mauern zu beherbergen, führte zudem zu einer hohen Verschuldung, von der Warendorf sich zweihundert Jahre lang finanziell nicht mehr erholte. Ein weiterer großer Brand im Jahr 1745 sorgte zudem dafür, dass Kaufleute und Handwerker abwanderten und ihr Glück anderswo suchten. Erst die Entwicklung zur Pferdestadt verschaffte Warendorf eine neue Blüte.

Doch wer auch immer die Kreisstadt an der Ems aufsucht, ob Pferdenarr oder Liebhaber historischer Gebäude: Es gibt so viel zu sehen, das das Herz höherschlagen lässt!

Klosterstraße

Gastronomie

Historisches Brauhaus Warintharpa, Kirchstraße 14, 48231 Warendorf (www.warintharpa.de)

Altes Gasthaus Porten Leve, Freckenhorster Straße 33, 48231 Warendorf (www.porten-leve.de)

Le Feu – Der Flammkuchen in Warendorf, Emsstraße 17, 48231 Warendorf (www.lefeu.de)

Trattoria da Vinci, Mühlenstraße 2, 48231 Warendorf (trattoria-da-vinci.jimdosite.com)

In der Nähe

Freckenhorst

Freckenhorst geht auf die Gründung eines Kanonissenstifts im Jahr 851 zurück. Die gewaltige Stiftskirche St. Bonifatius beeindruckt mit einem wuchtigen, aus drei Türmen bestehenden Westwerk aus dem

11./12. Jahrhundert und zwei weiteren, weithin sichtbaren Türmen im Osten. Hier schließt sich unmittelbar das Barockschloss Westerholt an, das aber nur aus der Ferne bewundert werden darf – es sei denn, man nutzt den dortigen Trauungssaal zum Heiraten. Anlässlich kirchlicher Prozessionen oder für Konzerte und Schützenparaden wird der Garten zur Schauseite hin dem breiten Publikum zugänglich gemacht. Eine „Stadt- und Stiftstour" lädt dazu ein, die Sehenswürdigkeiten des Warendorfer Stadtteils zu entdecken.

Übrigens: Die Warendorfer verpassten den Freckenhorstern den Spitznamen „Pielepoggen" (Kaulquappen), und tatsächlich ist der Frosch heute eines der Wahrzeichen der Ortschaft und ziert auch den Brunnen am Ortseingang.

www.warendorf-freckenhorst.de

Kloster Vinnenberg

Das ehemalige Benediktinerinnenkloster gilt als ältester Marienwallfahrtsort des Bistums Münster. Die Wallfahrtskirche zur „Muttergottes vom Himmelreich" steht Besuchern ebenso offen wie das Sinn- und Bildungshaus als Rückzugs- und Veranstaltungsort mit einem vielfältigen Jahresprogramm.

www.kloster-vinnenberg.de

Doppelschlossanlage Harkotten (von Ketteler)

Aufgrund einer Familienfehde entstanden auf dem großzügigen Gelände der ursprünglichen Burg aus dem 14. Jahrhundert ein repräsentatives Barockschloss und ein Herrenhaus als getrennte Stammsitze.

Die umliegende Landschaft lädt zu ausgiebigen Spaziergängen ein, und am Sonntag ist im Wappensaal ein Café geöffnet. Räumlichkeiten des Herrenhauses können für private Feierlichkeiten und Events gemietet werden. www.harkotten.eu

Sassenberg

Auch die nahe gelegene Stadt Sassenberg, die auf eine sächsische Erdhügelburg zurückgeht, bietet mit Sehenswürdigkeiten wie der fürstlichen Kornmühle aus dem Jahr 1578, der barocken Pfarrkirche St. Johannes Evangelist, dem „Alten Zollhaus“ (1734) und dem durch Barockbaumeister J. C. Schlaun erbauten Sommerhaus „Haus Schücking“ reichlich Stoff für einen genussvollen Spaziergang entlang des historischen Stadtrundgangs. Infotafeln an allen Sehenswürdigkeiten erläutern die abwechslungsreiche Geschichte der Bauwerke. www.sassenberg.de

Heilig-Kreuz-Kirche

Wenn der Himmel lacht, dann strahlt sicherlich die erhabene, weiß leuchtende Heilig-Kreuz-Kirche auf dem 150 m hohen Stromberg am hellsten von allem. Die höchste Wallfahrtskirche des Bistums Münster auf einer der höchsten Erhebungen der Beckumer Berge ist wahrhaft eine Erscheinung. Im Zentrum einer ehemaligen Höhenburg gelegen, verdankt sie ihre Existenz einem heiligen Kreuz, das zunächst in der tiefer gelegenen Unterstromberger Pfarrkirche St. Lambertus untergebracht wurde. Von dort verschwand es jedoch mehrfach spurlos, nur um unter einem Ahornbaum am Burghaus wieder aufgefunden zu werden. An dieser Stelle wurde zunächst eine Kapelle und anschließend die heutige dreischiffige gotische Kirche errichtet, die 1344 eingeweiht wurde und niemals einen Turm besaß.

22

Anreise Pkw/Parkplatz:

Parkplatz Burgplatz, Burgplatz 1, 59302 Oelde
(GPS 51°48‘1.97“N, 8°12‘12.06“E)

Anreise mit ÖPNV:

Buslinien 372, 473, 474, B4,
Haltestelle „Stromberg, Hüfferstraße“

www.burgdorf-stromberg.de
www.katholischinoelde.de

Weiter Blick über das Land

Das Kreuz aus Eichenholz mit der aufrecht stehenden und von einem Silbermantel umgebenen Christusfigur stammt vermutlich aus der Zeit um 1080/1100 und wurde vom Burggrafen nach Stromberg gebracht, nachdem er seine Tochter im Nonnenkloster in Herzebrock besucht und dort das Kreuz erhalten hatte. Urkunden bezeugen, dass bereits im Jahr 1208 Wallfahrer auf den Burgberg strömten.

Der Stromberg verdankt seinen Namen sage und schreibe sieben Quellen, die hier oben existieren, und gilt nicht nur religiösen Menschen als Kraftort. Auf dem Burgberg, der einst von drei Seiten auf-

Tipp

Burgbühne Stromberg

2025 feiert die Burgbühne ihr hundertjähriges Jubiläum. Was 1925 mit dem Stück „Jedermann" auf den Stufen vor der Wallfahrtskirche begann, hat sich zu einer alljährlichen Tradition entwickelt, die nicht nur nicht mehr aus dem Stromberger Kalender wegzudenken ist, sondern mit einem Stück für Erwachsene und dem Familientheater auf der Freilichtbühne mit 688 Sitzplätzen im Schatten der alten Bäume zu Füßen der Kreuzkirche und mit dem Wintertheater im Haus Nottbeck ein abwechslungsreiches Programm für Jung und Alt bietet.
www.burgbuehne.de

Tipp

Pflaumenmarkt

Nicht nur Burg und Wallfahrtskirche sind historisch bedeutsam, sondern auch ein kulinarischer Genuss: Die „Stromberger Pflaume g.U.“, eine mittelspäte, mildaromatische und gut steinlösliche Zwetschgensorte, wird seit 1790 vor Ort angebaut. Die Blüte der etwa 15.000 Obstbäume verwandelt das Burgdorf und seine Umgebung jedes Frühjahr in einen Traum aus Blüten. Am zweiten Wochenende im September wird beim Pflaumenmarkt vor Ort nicht nur die Ernte gefeiert, sondern auch die Pflaumenkönigin gewählt, und es werden Erzeugnisse rund um das Naturprodukt angeboten.
www.stromberger-pflaume.de

grund der steilen Abhänge als uneinnehmbar galt, bietet sich eine erhebende Aussicht weit über das Land. Bei klarer Sicht sind sogar die Höhenzüge des Sauerlandes und das Hermannsdenkmal sichtbar. Auf den Abhängen breiten die Stromberger Pflaumenbäume im Frühjahr einen traumhaft schönen weißen Blütenteppich vor dem staunenden Betrachter aus.

Mittelalterliche Höhenburg

Die Höhenburg – in einer Region voller Wasserburgen mit nur wenigen Höhenzügen eine absolute Seltenheit – wurde der Legende nach bereits von Karl dem Großen gegründet. Sicher nachvollziehbar ist ihre Existenz im 11. Jahrhundert. Neben einigen Mauerresten und einem Tor sind der 30 m tiefe Schachtbrunnen und der Paulusturm, der vermutlich ursprünglich

Mallinckrodthaus

Blick vom oberen Burghof auf das Tor und den Burgmannenhof

zum Burginneren nach Süden hin offen war, stumme Zeugen der mittelalterlichen Befestigungsanlage. Das heute als Versammlungsgebäude der Kirchengemeinde genutzte Mallinckrodthaus wird als ältestes erhaltenes Burgmannenhaus Westfalens betrachtet. Das zweigeschossige gotische Bruchsteingebäude stammt im Kern aus dem 14. Jahrhundert. Sein heutiges Erscheinungsbild entspricht etwa seinem Zustand im 16. Jahrhundert. Die Anbauten rechts und

Museum

Kulturgut Haus Nottbeck

Die Wasserburganlage Haus Nottbeck geht auf das 14. Jahrhundert zurück. Heute befinden sich in dem historischen Rittergut mehrere, teils wechselnde Ausstellungen, darunter das „Museum für Westfälische Literatur" mit einer Dauerausstellung zum Thema Buchdruck von den Anfängen bis heute. Im Rahmen von verschiedenartigen Veranstaltungen, Lesungen, Konzerten und Märkten lässt sich das historische Gelände ebenso hautnah erleben wie bei einem Besuch des Kulturcafés, einem Spaziergang durch den weitläufigen Park oder bei einem Picknick auf der mit Obstbäumen bestandenen Wiese.

Landrat-Predeick-Allee 1, 59302 Oelde (www.kulturgut-nottbeck.de)

Weitere Museen:

Kindermuseum „Klipp Klapp", Konrad-Adenauer-Allee 20B, 59302 Oelde (www.vier-jahreszeiten-park.de/de/kindermuseum-klipp-klapp)

In der Nähe

Museum Abtei Liesborn

Die ehemalige Benediktinerabtei und Abtsresidenz wurde Mitte des 9. Jahrhunderts als Damenstift gegründet. Heute beheimatet sie das Museum des Kreises Warendorf. In der Dauerausstellung wird die Geschichte der Region seit dem Mittelalter bis heute durch kunst- und kulturgeschichtliche Gegenstände greifbar. Schwerpunkte sind die Historie der Abtei, religiöse Gegenstände, Kunst und Malerei, Textilien und Wohnkultur. Sonderausstellungen runden das Angebot ab.

Abteiring 8, Wadersloh
(www.museum-abtei-liesborn.de)

links kamen später hinzu. Eine ehemalige Scheune aus dem 17. Jahrhundert, das frühklassizistische Pastorat aus der Zeit um 1780 sowie die ehemalige Wallfahrtsgaststätte runden den idyllischen Reiz dieses historischen Ortes ab, dessen Geschichte aus jeder Pore zu dringen scheint.
Bevor die Bischöfe von Münster die Burganlage eroberten, gehörten die Burggrafen von Stromberg neben den Grafen von Nürnberg, Magdeburg und Reineck zu den vier Reichsburggrafen, die den Kaiser in politischen Fragen berieten. So klein dieser Ort auch sein mag, so überrascht er seine Besucher doch mit einem Zauber und einer Präsenz, die ihresgleichen sucht. Hier ist man dem Himmel einfach ein Stückchen näher als anderswo!

Gastronomie

Hotel & Restaurant „Zum Burggrafen“, Daudenstraße 5, 59302 Oelde (www.burggrafen.de)
Traditionsbäckerei, Konditorei, Café & Frühstückshaus Terholsen, Daudenstraße 8, 59302 Oelde (www.cafe-terholsen.de)

Noch mehr Heimatschätze zum Entdecken!

Susanne Wingels zeigt in ihren Büchern die schönsten geschichtsträchtigen Orte – nicht nur im Münsterland, sondern auch in der Eifel und am Niederrhein. Entdecken Sie mit ihr malerische Stadtkerne, historische Bauwerke und lassen Sie sich entführen in eine andere Zeit!

Susanne Wingels
Heimatschätze
Historische Orte in der Eifel entdecken
160 Seiten, zahlr. farb. Abbildungen
Klappenbroschur, 18,95 €
ISBN 978-3-8375-2563-2

Susanne Wingels
Heimatschätze
Historische Orte am Niederrhein entdecken
160 Seiten, zahlr. farb. Abbildungen
Klappenbroschur, 18,95 €
ISBN 978-3-8375-2486-4

Weitere inspirierende Freizeitführer finden Sie auf: www.klartext-verlag.de und überall im Handel.